# Strategien für mehr Effizienz und Effektivität im Gesundheitswesen

# ALLOKATION IM MARKTWIRTSCHAFTLICHEN SYSTEM

Herausgegeben von
Heinz König (†), Hans-Heinrich Nachtkamp,
Ulrich Schlieper, Eberhard Wille

Band 65

EBERHARD WILLE
KLAUS KNABNER
(HRSG.)

# STRATEGIEN FÜR MEHR EFFIZIENZ UND EFFEKTIVITÄT IM GESUNDHEITSWESEN

## 16. Bad Orber Gespräche über kontroverse Themen im Gesundheitswesen

**Bibliografische Information der Deutschen Nationalbibliothek**
Die Deutsche Nationalbibliothek verzeichnet diese Publikation
in der Deutschen Nationalbibliografie; detaillierte bibliografische
Daten sind im Internet über http://dnb.d-nb.de abrufbar.

Umschlaggestaltung:
Atelier Platen, Friedberg

Gedruckt auf alterungsbeständigem,
säurefreiem Papier.

ISSN 0939-7728
ISBN 978-3-631-64015-9
© Peter Lang GmbH
Internationaler Verlag der Wissenschaften
Frankfurt am Main 2013
Alle Rechte vorbehalten.
PL Academic Research ist ein Imprint der Peter Lang GmbH

www.peterlang.de

# Inhaltsverzeichnis

# Das Versorgungsstrukturgesetz[1]

*Ulrich Orlowski*

## 1. Zwischenbilanz

Zu Beginn des Jahres 2012 ist die finanzielle Situation der GKV global und auf Einzelkassenebene – trotz teils erheblicher Unterschiede zwischen den Krankenkassen – stabil. Sowohl auf der Ebene des zentralen Fonds als auch auf der Ebene der Einzelkassen sind erhebliche, ungebundene Überschüsse aufgelaufen. Die finanzielle Ausstattung des Systems ist dabei so günstig, das z.B. auch die DAK zum 01.04.2012 den bisher von ihr erhobenen Zusatzbeitrag abschaffen kann; – wie lange das allerdings bei der jahresbezogenen Betrachtungsweise möglich sein wird, bleibt abzuwarten. Die mit dem GKV-FinG vom 22.12.2010 (BGBl I S. 2309) weiterentwickelten Rahmenbedingungen des Fonds (gesetzlich fixierter, erhöhter Beitragssatz von 15,5 % kombiniert mit einkommensunabhängigem Zusatzbeitrag mit – steuerfinanziertem – Sozialausgleich) bilden den Hintergrund dieser – einmaligen – Finanzausstattung einschließlich einer unerwartet günstigen Entwicklung der Konjunktur in den letzten beiden Jahren. Wie unerwartet diese konjunkturelle Entwicklung in Deutschland trotz der europäischen Finanzkrise war, kann z.B. daran erkannt werden, das die Bundesregierung ihre Einnahmeschätzung, die über den Schätzerkreis maßgebliche Bedeutung für die finanzielle Entwicklung der Finanzausstattung der GKV hat, in den Jahren ab 2009 mehrfach nach oben korrigiert hat. Zusätzlich wirken ausgabenseitig die stabilisierenden Effekte des GKV-Änderungsgesetzes vom 24.07.2010 (BGBl I S. 983) insbesondere mit der Anhebung des Herstellerrabattes für nicht festbetragsgeregelte Arzneimittel sowie – erwartete – strukturelle Effekte der Preisregelung des Arzneimittelmarktneuordnungsgesetzes vom 22.12.2010 (BGBl I S. 2262). Das Niveau der Arzneimittelausgaben der GKV ist auf der Grundlage der Regelungen dieses Gesetzes erstmals (seit dem Gesundheitsstrukturgesetz von 1992) wieder gesunken und nicht – wie normalerweise üblich – gewachsen.

Vor diesem Hintergrund ist im Jahr 2011 das GKV-Versorgungsstrukturgesetz vom 22.12.2011 (BGBl I S. 2983) parlamentarisch

---

[1] Der Text gibt die persönliche Auffassung des Autors wieder.

beraten und verabschiedet worden. Das Versorgungsstrukturgesetz ist mit seinen wesentlichen Regelungen zum 01.01.2012 in Kraft getreten. Ziel dieses Gesetzes ist es, nach der Weiterentwicklung der finanziellen Rahmenbedingungen des Systems und der Neuordnung des Arzneimittelmarktes durch das GKV-Anpassungsgesetz und das AMNOG, die Versorgungsstrukturen in zentralen Leistungsbereichen weiter zu entwickeln, um eine bedarfsgerechte sowie qualitätsvolle Patientenversorgung auch künftig zu gewährleisten. Die Schwerpunkte dieses Gesetzes sind:

- die Weiterentwicklung der Bedarfsplanung für die ambulante vertragsärztliche Versorgung,
- die Weiterentwicklung der Rahmenbedingungen für die Honorierung vertragsärztlicher Tätigkeit,
- die Weiterentwicklung der Rahmenbedingungen für die Honorierung vertragszahnärztlicher Tätigkeit,
- die Verbesserung der Versorgung an der Schnittstelle zwischen ambulanter und vertragsärztlicher Versorgung insbesondere durch die Öffnung von Strukturen für die spezialfachärztliche Versorgung,
- die Weiterentwicklung der Wirtschaftlichkeitsprüfungen für Arznei- und Heilmittel ("Beratung vor Regress"),
- die Neuordnung des Ausschlusses sowie der Bewertung von medizinischen Methoden in Diagnose und Therapie durch den Gemeinsamen Bundesausschuss,
- die Regelungen zur Stärkung der Neutralität des G-BA sowie
- die Weiterentwicklung der Rahmenbedingungen für die Transparenz des GKV-Systems und Maßnahmen zur Verbesserung der Datengrundlage für die Versorgungsforschung.


## 2. Planung der ambulanten vertragsärztlichen Versorgung

### 2.1. Aufgabenstellung

Die mit dem Gesundheitsstrukturgesetz vom 21.12.1992 (BGBl I S. 2266) erneut eingeführte Bedarfsplanung für die vertragsärztliche Versorgung hat die in sie gesetzten Erwartungen auch wegen der verfassungsrechtlichen Rahmenbedingungen für die Nachbesetzung im gesperrten Gebiet nicht erfüllt. Die derzeitige Versorgungssituation ist gekennzeichnet durch erhebliche

Unterschiede in der Arztdichte zwischen insbesondere überversorgten Ballungsräumen und strukturschwachen, ländlichen sowie urbanen Regionen bei einer im europäischen Vergleich insgesamt hohen Arztdichte verbunden mit einer im internationalen Kontext sehr hohen Zahl an Arztkontakten. Bereits jetzt wird diese verzerrte und nicht bedarfsgerechte Struktur konfrontiert mit den Wirkungen des demografischen Wandels. Neben die demografisch bedingte Veränderung der Morbidität der Versicherten (Zunahme an chronischen Erkrankungen, Zunahme an altersbedingten Erkrankungen wie z.B. auch Krebs) und der - ökonomisch und demografisch bedingten Wanderungsbewegung innerhalb Deutschlands (Vergleiche hierzu: Demografiebericht der Bundesregierung vom 07.12.2011 BT-Drs. 17/7699; Beske, Brix, Arzt und Krankenhaus, Sonderdruck, 1/2012), ist hier insbesondere auch die demografisch bedingte Veränderung der Ärzteschaft selbst von Relevanz. Der Gesetzgeber des Versorgungsstrukturgesetzes musste also die Vorgaben für die vertragsärztliche Bedarfsplanung an diese sich ändernden Rahmenbedingungen anpassen und für die sich neu abzeichnende Versorgungssituation perspektivisch neue Antworten entwickeln.

## 2.2. Maßnahmen

Das Versorgungstrukturgesetz flexibilisiert vor diesem Hintergrund zunächst auf Bundesebene die Rahmenbedingungen für die Bedarfplanungsrichtlinie des G-BA und erteilt dem G-BA den Auftrag, bis spätestens zum 31.12.2012 die Bedarfsplanungsrichtlinie neu zu beschließen. Die bisherige Anbindung der Bedarfsplanung an die Raumordnungsgrenzen wird aufgegeben mit dem Ziel, zu einer bedarfsgerechteren Beschreibung der vertragsärztlichen Versorgung in den Planungsräumen zu gelangen. Die bisherigen Raumordnungsgrenzen sind weder zur Beschreibung einer angemessene wohnortnahen hausärztlichen noch zur Beschreibung einer angemessenen wohnortnahen fachärztlichen Versorgung geeignet. Maßgeblich für die Beschreibung und Fortschreibung des angemessenen Versorgungsbedarfes soll künftig allein die bedarfsgerechte vertragsärztliche Versorgung (und nicht mehr die Versorgung zum Stichtag des Vorjahres) sein. Die Zahl der geplanten Arztgruppen wird sich daher verändern, die räumlichen Planungsvorgaben für diese Arztgruppen werden sich künftig auch untereinander unterscheiden. So ist die räumliche Beschreibung einer angemessenen, wohnortnahen hausärztlichen Versorgung anders zu definieren als die Beschreibung einer angemessenen (wohnortnahen bzw. überregionalen) fachärztlichen Versorgung.

Ergänzend zu diesem Gestaltungsspielraum des G-BA bei der Weiterentwicklung der Bedarfsplanungsrichtlinie wird den Ländern als Verantwortlichen für die Sicherung der gesundheitlichen Versorgung ihrer Bevölkerung durch das Versorgungsstrukturgesetz eigener, subsidiärer Gestaltungsspielraum bei der regionalen Weiterentwicklung der Bedarfsplanung zugewiesen. Die unterschiedliche Entwicklung der Versorgungssituation zwischen den verschiedenen Bundesländern sowie innerhalb der einzelnen Bundesländer macht es erforderlich, dass auf der Grundlage eines bundeseinheitlichen Planungsrahmens die Länder als regionale Verantwortungsträger ihren jeweiligen regionalen Besonderheiten bei der Gestaltung von Versorgung Rechnung tragen können. Die Bedarfsplanungsrichtlinien des G-BA werden daher durch das VStG für abweichende, regionale Regelungen geöffnet soweit diese abweichenden Regelungen für die jeweiligen regionalen Besonderheiten erforderlich sind. Diese Öffnungsklausel für abweichende regionale Bedarfssituationen kann insbesondere durch Empfehlungen eines auf Landesebene eingerichteten Gremiums konkretisiert werden, das insbesondere den landesspezifischen sektorenübergreifenden, regionalen Versorgungsbedarf beschreiben soll. Ergänzt wird diese Grundstruktur - flexible Vorgaben für die Bedarfsplanung des G-BA auf Bundesebene mit regionaler Öffnungsklausel für die Gestaltung regionaler Bedarfe durch den Landesgesetzgeber - durch verschiedene Maßnahmen zur Flexibilisierung der Rahmenbedingungen vertragsärztlicher Tätigkeit (z.B. Wegfall der Residenzpflicht, Präzisierung delegierbarer Leistungen, Auftrag an den Bewertungsausschuss zur Beschreibung telemedizinisch erbringbarer Leistungen) und Maßnahmen zur Verbesserung der Vereinbarkeit der vertragsärztlichen Tätigkeit mit Familie und Pflege. Denn die Erwartungen und Anforderungen auch der Ärzte/innen an vertragsärztliche Tätigkeit haben sich in den letzten Jahrzehnten deutlich verändert.

Begleitet wird diese Grundstruktur durch Vergütungsanreize auf regionaler Ebene, die zur Förderung besonders förderungswürdiger Leistungen (z.B. Hausbesuche) sowie besonders förderungswürdiger Leistungserbringer von den Gesamtvertragspartner vereinbart werden können. Die bisherige pretiale

Steuerung, die Zu- aber auch Abschläge für Vertragsärzte in unter- bzw. überversorgten Gebieten vorsah, wird endgültig gestrichen. In unterversorgten bzw. von Unterversorgung betroffenen Gebieten werden die Maßnahmen zur Fallzahlbegrenzung (Abstaffelung bei Überschreitung der Regelleistungsvolumina) künftig nicht mehr angewandt. Ein Vertragsarzt, der wegen einer Unterversorgung mit Fallzahlsteigerungen in seiner Praxis konfrontiert ist, darf nicht für die Steigerung der Fallzahlen mit Abstaffelung der Vergütung bestraft werden.

Ergänzt wird diese Struktur schließlich durch Vorgaben für die Situation, dass die vertragsärztliche Versorgung in den tradierten freiberuflichen Strukturen nicht mehr sichergestellt werden kann. So werden insbesondere die Kassenärztlichen Vereinigungen beauftragt in einer derartigen Situation zur Erfüllung des ihnen zugewiesenen Sicherstellungsauftrages auch durch Eigeneinrichtungen die notwendige ärztliche Versorgung zu sichern; subsidiär wird diese Verantwortung für die Versorgung an die Gemeinden adressiert und zwar für den Fall, dass Vertragsärzte und Vertragsärztekörperschaften die Sicherstellung der angemessenen Versorgung nicht mehr darstellen können. Die Erwartung, dass – entsprechend diesen unterschiedlichen regionalen Bedarfen – vertragsärztliche Tätigkeit sich innerhalb der nächsten Jahre weiterentwickeln und diesen Bedarfen anpassen wird und anpassen muss, wird durch das VStG aufgegriffen und mit den adäquaten Instrumenten verknüpft.

Das VStG stellt auch für die Konstellation der Überversorgung geeigneten Antworten zur Verfügung. Klargestellt wird zunächst, dass KVn - künftig auch ohne Altersgrenze - frei werdende Vertragsarztsitze aufkaufen können. In von Überversorgung bedrohten Gebieten können künftig von dem Zulassungsausschuss auch befristete Zulassungen erteilt werden. Maßgeblich ist, dass künftig, d.h. nach der Neudefinition der bedarfsgerechten Versorgung durch die Bedarfsplanungsrichtlinie des G-BA zum 31.12.2012, bei der Nachbesetzung von Vertragsarztsitzen im gesperrten Gebiet eine Nachbesetzung nur dann noch in Betracht kommt, wenn der Zulassungsausschuss – mit den Stimmen der Vertreter der Ärzteschaft – eine Nachbesetzung wegen Versorgungsbedarf trotz Überversorgung für erforderlich hält. Die verfassungsrechtlich erforderliche Privilegierung der Nachbesetzung im gesperrten Gebiet bei z.B. Kindern, Ehegatten, Partnern bzw. angestellten Ärzten des Vertragsarztes bleiben erhalten.

## 3. Vertragsärztliches Honorar

Die Reform der Rahmenbedingungen für die Honorierung vertragsärztlicher Tätigkeit durch das GKV-WSG vom 26.03.2007 (BGBl I S. 378) hat zugunsten der Vertragsärzteschaft in den Jahren 2008 und 2009 einen Anstieg der Ausgaben der Krankenkassen von insgesamt über 4,5 Mrd. Euro bewirkt. Diese Reform der letzten Legislatur war wesentlich durch die Vorstellung geprägt, durch bundeseinheitliche Vorgaben zu einer einheitlichen Honorierung der gleichen vertragsärztlichen Tätigkeit einschließlich einer einheitlichen Steuerung der Menge erbrachter vertragsärztlicher Leistungen zu gelangen. Dieser weitgehend zentralistische Ansatz hat sich wegen der in den KVen jeweils doch sehr unterschiedlichen Verhältnisse trotz der deutlichen Erhöhung der Ausgaben der Krankenkassen für vertragsärztlichen Tätigkeit nicht bewährt (wie eine Vielzahl von Korrekturen von Vorgaben des BWA belegt). Mit dem VStG wird hieraus die Konsequenz gezogen, dass im Rahmen bestimmter zentraler Vorgaben für die Entwicklung der Gesamtvergütungen sowie für die Honorarverteilung die Gestaltungsfreiheit- und Verantwortung der vertragsärztlichen Selbstverwaltungen in den Regionen wieder deutlich gestärkt wird. In der Gestalt des VStG hat die Honorarordnung folgende Grundelemente:

- der bundeseinheitliche Euro- Orientierungswert und die hieraus entwickelten regionalen Eurogebührenordnungen werden für die Vergütung vertragsärztlicher Leistungen beibehalten und als Preisregel weiterhin bundeseinheitlich fortgeschrieben;
- die Gesamtvergütungen werden auch künftig morbiditätsorientiert von den Gesamtvertragspartnern fortentwickelt; die bisherigen bundeseinheitlichen vom BWA vorgegebenen Steigerungsraten werden allerdings durch Steigerungsraten ersetzt, die innerhalb eines (vom BWA jeweils vorgegebenen) Korridors von der Gesamtvertragspartnern zu vereinbaren sind. Dabei setzt die Vereinbarung höherer – morbiditätsbedingter – Steigerungsraten den Nachweis der Morbidität voraus. Da die verbindlichen Vorgaben für die Codierung vertragsärztlicher Tätigkeit aufgegeben wurden, müssen die KVen im Verhandlungsprozess mit den Krankenkassen für die Fortschreibung der morbiditätsorientierten Gesamtvergütungen entsprechend geeignete Nachweise einer regionalen besonderen Morbidität (= Behandlungsbedarf) anbieten können;

- die Honorarverteilung wird – weitgehend - in die Verantwortung der KVen zurückgegeben. Entsprechend der Grundsystematik des Kollektivvertragssystems ist die Honorarverteilung künftig wieder Satzungsangelegenheit der KVen, die im Benehmen mit den Verbänden der Krankenkassen auf Landesebene zu beschließen ist. Die Vorstellung, Honorarverteilung über Honorarverteilungsverträge zwischen KVen und Kassen vereinbaren zu lassen, wird – da wenig praxistauglich – aufgegeben. Zudem hat die Zuordnung des Sicherstellungsauftrages zu den KVen und die Zahlung der Gesamtvergütung mit befreiender Wirkung an die KVen systematisch die Konsequenz, dass die Verteilung der mit befreiender Wirkung gezahlten Gesamtvergütung Selbstverwaltungsangelegenheit der KVen ist in Gestaltung des den KVen übertragenen Sicherstellungs- und Gewährleistungsauftrages;

- dementsprechend werden die bisherigen weitgehenden zentralen Vorgaben des BWA für die Mengensteuerung aufgegeben. Insbesondere die arztgruppenspezifischen, morbiditätsorientierten Regelleistungsvolumina haben nicht zu dem Ergebnis einer gerechteren Honorarverteilung geführt, die mit der Reform des GKV-WSG beabsichtigt wurde. Im Gegenteil, trotz auf globaler Ebene erheblich gesteigertem Mehraufwand, kam es auf Arztgruppenebene bei den Regelleistungsvolumina zu nicht akzeptablen bzw. zumindest völlig intransparenten Verteilungsergebnissen. Die Aufgabe der Mengensteuerung als Element der Honorarverteilung wird daher wieder weitgehend in die regionale Verantwortung der Vertragsärzteschaft zurückübertragen, allerdings im Rahmen notwendiger bundeseinheitlicher Vorgaben wie z.B. Trennung der Gesamtvergütung zwischen hausärztlicher sowie fachärztlicher Vergütung sowie der angemessenen Vergütung vertragspsychotherapeutischer Leistungen je Zeiteinheit;

- besonders hervorzuheben ist eine Regelung, nach der Praxisnetze im Rahmen der Honorarverteilung einer KV besonders berücksichtigt werden können. Der HVM einer KV kann künftig gesonderte Vergütungsregelungen für vernetzte Praxen auch als ein eigenes Honorarbudget eines Praxisnetzes vorsehen. Damit wird ermöglicht, dass einem Praxisnetz ein bestimmtes Budget für die vertragsärztliche Versorgung einer bestimmten Zahl von Versicherten in einer Region zugewiesen wird, das von dem Netz nach eigenen Regeln an die teilnehmenden Netzärzte verteilt wird. Voraussetzung hierfür ist, da dies nicht nur einen - losen - Zusammenschluss von Vertragsärzten sondern eine gewisse Tragfähigkeit des Zusammenschlusses erfordert, dass diese Praxisnetze als Adressaten der Honorarverteilung Vorgaben in Richtlinien der KBV erfüllen müssen, die die KBV im Einvernehmen mit dem Spitzenverband Bund der Krankenkassen zu erlassen hat.

## 4. Vertragszahnärztliches Honorar

Auch für die Vereinbarung der Vergütung zahnärztlicher Leistungen (ohne Zahnersatz) wird den Vertragspartnern auf regionaler Ebene mit dem VStG ein größerer Gestaltungsspielraum eingeräumt. Ausdrücklich klargestellt wird, dass die Vertragspartner auf Landesebene bei der Fortschreibung der Gesamtvergütungen (für Zahnbehandlung) insbesondere die Zahl und Struktur der Versicherten, die Morbiditätsentwicklung, die Kosten und Versorgungsstruktur, die aufzuwendende Arbeitszeit sowie neue vertragszahnärztliche Leistungen zu berücksichtigen haben. Neben diesen - leistungsbezogenen - Kriterien ist auch der Grundsatz der Beitragssatzstabilität und damit die Einnahmenentwicklung der Krankenkassen zu berücksichtigen. Die strikte Bindung der Entwicklung der Gesamtvergütungen für Zahnbehandlung an das Prinzip der Grundlohnsummenentwicklung ist damit aufgegeben. Künftig wird es prioritär darauf ankommen, wie sich der Behandlungsbedarf der Versicherten entwickelt, erkennbar an der Zahl und Struktur der Versicherten sowie der jeweiligen Morbiditätsentwicklung der Versicherten der Krankenkassen. Bei der erstmaligen Anwendung dieses neuen, weiterentwickelten Verhandlungsrahmens durch die Gesamtvertragspartner für das Jahr 2013 ist besonders klargestellt, dass die gegenüber den jeweiligen KZVen für das Jahr 2012 tatsächlich abgerechneten Punktmengen nach sachlich-rechnerischer Berichtigung (d.h. vor der Anwendung mengenbegrenzender Regelungen) angemessen zu berücksichtigen sind. Im Rahmen der KZV-seitigen Rechnungslegung in Ansatz gebrachte, sachlich-rechnerisch richtige Leistungen sind also bei der Vereinbarung der Gesamtvergütungen für 2013 angemessen zu berücksichtigen, auch wenn sie wegen mengenbegrenzender Maßnahmen für 2012 nicht ausgezahlt werden konnten.

Schließlich wird vorgegeben, dass – zum Ausgleich von historisch bedingten Belastungsunterschieden bei den Krankenkassen bei der Vergütung vertragszahnärztlicher Leistungen (ohne Zahnersatz), die Verbände der Krankenkassen auf Landesebene mit den jeweiligen KZVen die durchschnittlichen Punktwerte des Jahres 2012 ermitteln und diese durchschnittlichen Punktwerte als jeweilige Ausgabenbasis für die Vereinbarung für das Jahr 2013 nehmen. Die traditionell höheren Vergütungen der Ersatzkassen werden dadurch bis zu dem ermittelten durchschnittlichen Punktwert abgebaut und insbesondere durch die Anhebung des traditionell unterdurchschnittlichen Vergütungspunktwertes der AOKen kompensiert.

## 5. Ambulante spezialfachärztliche Versorgung

Die Schnittstelle zwischen akutstationärer und ambulanter vertragsärztlicher Versorgung ist auch nach den Reformen der vergangenen Legislatur nicht zufrieden stellen gelöst. Eine Vielzahl unterschiedlicher Teilnahmeformen insbesondere der Krankenhäuser an der ambulanten vertragsärztlichen Versorgung prägt die Schnittstellenproblematik. Insoweit wird durch das Versorgungsstrukturgesetz klargestellt, dass bei der Prä- und poststationären Versorgung sowie beim ambulanten Operieren die ärztliche (Krankenhaus) Leistungen auch durch Honorarärzte erbracht werden kann. Eine entsprechende Klarstellung für allgemeine Krankenhausleistungen ist noch offen und weiter zu beraten. Weitergehende Überlegungen, den gesamten Schnittstellenbereich im Sinne eines neuen, dritten Sektors neu zu regeln mit Zugangsbegrenzung und Mengensteuerung sind zu Recht nicht aufgegriffen worden. Ziel der Gesetzgebung sollte es nicht sein, neue Sektoren zu schaffen und zu regeln, sondern – im Gegenteil – Teile aus den vorhandenen Sektoren heraus zu lösen mit dem Ziel, zu einer freien, bedarfsbezogenen Gestaltung von Versorgung zu gelangen.

§ 116b SGB V in der Fassung des VStG vom 22.10.2011 (BGBl I S. 2983) ist die dritte Fassung einer Vorschrift, mit der der Versuch unternommen wird, die Blöcke der ambulanten vertragsärztlichen Versorgung und der akut-stationären Versorgung etwas weiter zu öffnen im Interesse einer besser verzahnten Patientenversorgung. Die ambulante spezialfachärztliche Versorgung umfasst – wie bisher – die Diagnostik und Behandlung von komplexen, schwer therapierbaren Erkrankungen mit besonderen Krankheitsverläufen (Nr. 1), seltenen Erkrankungen (Nr. 2) sowie hochspezialisierten Leistungen (Nr. 3). Für die zur Diagnostik dieser Krankheitsbilder erbrachten Leistungen erfolgt keine Begrenzung des Zugangs durch Planung der Leistungserbringer sowie keine Begrenzung der Mengenentwicklung durch Budgetierung der erbrachten Leistungen. Es gilt der Grundsatz, jeder Leistungserbringer, sei es Vertragsfacharzt oder Plankrankenhaus, der/das die Voraussetzungen der Leistungserbringung erfüllt, kann diese Leistungen ambulant erbringen. Im Rahmen des parlamentarischen Beratungsverfahrens ist allerdings der inhaltliche Anwendungsbereich dieses Ansatzes bei den Erkrankungen mit besonderen Krankheitsverläufen (Nr. 1) auf sogenannte "schwere Verlaufsformen" dieser Erkrankungen eingeschränkt worden. Diese Einschränkung des Anwendungsbereiches gegenüber dem geltenden Recht (-s.o.-) setzt eine Forderung des Bundesrates um.

Die inhaltliche Konkretisierung des gesetzlichen Anwendungsbereichs der spezialfachärztlichen Versorgung ist wie bisher Aufgabe des G-BA. Der G-BA hat bis zum 31.12.2012 in seinen Richtlinien die Krankheitsbilder der spezialfachärztlichen Versorgung nach der internationalen Klassifikation des DIMDI (ICD-X) bzw. nach weiteren vom G-BA festgelegten Merkmalen zu konkretisieren bzw. die bereits erlassenen Richtlinien an das neue Recht anzupassen. Der G-BA hat neben der Konkretisierung der Krankheitsbilder, die für spezialfachärztliche Leistungen in Betracht kommen (–inhaltlicher Anwendungsbereich – s.o.) auch die sonstigen Voraussetzungen für die spezialfachärztliche Leistungserbringung festzulegen. Er hat die sächlichen und personellen Anforderungen an die ambulante spezialfachärztliche Leistungs-erbringung sowie sonstige Anforderungen an die Qualitätssicherung zu regeln. Gefordert ist Facharztstandard und nicht Facharztstatus. Bei schweren Verlaufsformen von Erkrankungen mit besonderen Krankheitsverläufen (Nr. 1) setzt die spezialfachärztliche Versorgung eine vertragsärztliche Überweisung voraus. Das "Nähere" zu diesem Überweisungsvorbehalt regelt der G-BA in seinen Richtlinien; Überweisungen durch einen Vertragsarzt heißt dabei nicht notwendigerweise fachärztliche Überweisung; der G-BA hat vielmehr indikationenbezogen die Notwendigkeiten ärztlicher Überweisung zu konkretisieren. Dieser Überweisungsvorbehalt gilt nicht für Patienten/innen mit Zuweisungen zu spezialfachärztlicher Versorgung aus dem stationären Bereich. Ein Patient/in kann demnach nach einer stationären Behandlung unmittelbar in den spezialfachärztlichen Bereich dieses Krankenhauses übernommen werden; eine vertragsärztliche Überweisung ist in dieser Konstellation nicht erforderlich.

Für die übrigen Fälle der spezialfachärztlichen Versorgung regelt der G-BA in seinen Richtlinien, in welchen Fällen (ob und wie) eine spezialfachärztliche Versorgung eine Überweisung durch den behandelnden Arzt voraussetzt. "Behandelnder Arzt" kann dabei wiederum Haus- bzw. Facharzt sein. Der G-BA kann für Erkrankungen mit besonderen Krankheitsverläufen in seinen Richtlinien Vorgaben für Kooperationsvereinbarungen zwischen den Teilnehmern an der spezialfachärztlichen Versorgung beschließen, d.h. Vorgaben zur Kooperation von an der spezialfachärztlichen Versorgung teilnehmenden Fachärzten untereinander, Fachärzten und Krankenhäusern bzw. Krankenhäusern untereinander. Ziel dieser Kooperationsvereinbarung soll – entsprechend der Onkologievereinbarung – sein, dass im Interesse einer effizienten qualitätsorientierten Patientenversorgung eine besser vernetzte bzw. verzahnte Versorgung zwischen den Kooperationspartnern entsteht. Für die Versorgung von Patienten mit schweren Verlaufsformen onkologischer Erkrankungen hat der G-BA Vorgaben für die Kooperationsvereinbarung zu treffen, da bei diesen onkologischen Krankheitsbildern (Nr. 1) der Nachweis einer abgeschlossenen Kooperationsvereinbarung Voraussetzung für die Teilnahme an der spezialfachärztlichen Versorgung ist, es sei denn, der Teilnehmer weist glaubhaft nach, dass entweder kein geeigneter Kooperationspartner vorhanden ist oder er trotz "ernsthaften Bemühens" innerhalb von mindestens 2 Monaten keinen zur Kooperation geeigneten und bereiten Leistungserbringer finden konnte.

Die Vergütung der Leistungen der spezialfachärztlichen Versorgung erfolgt unmittelbar zwischen dem teilnehmenden Leistungserbringer und den Krankenkassen. Eine Mengenbegrenzung z.B. im Sinne einer Budgetierung spezialfachärztlicher Leistungen mit Abstaffelung erfolgt nicht. Die Vergütung erfolgt grundsätzlich zunächst auf der Grundlage des EBM und zwar für teilnehmende Fachärzte sowie teilnehmende Krankenhäuser auf der Grundlage der einheitlichen regionalen Eurogebührenordnung. Der Bewertungsausschusses hat zu diesem Zweck spätestens sechs Monate nach Inkrafttreten einer Richtlinie des G-BA zur Konkretisierung der Voraussetzungen einer Indikation für die spezialfachärztliche Versorgung die Leistungsbeschreibung und – Bewertung des EBM so anzupassen, dass eine angemessene Vergütung spezialfachärztlicher Leistungen erfolgen kann. Mittelfristig sollen für die spezialfachärztlichen Leistungen vom Spitzenverband Bund, der KBV und der DKG diagnosebezogene Gebührenpositionen vereinbart werden.

Spezialfachärztliche Leistungen, die von Vertragsfachärzten erbracht werden, müssen grundsätzlich aus der Gesamtvergütung bereinigt werden, da ansonsten eine Doppelvergütung für diese Leistungen erfolgen würde. Vorgegeben wird, dass die morbiditätsbezogene Gesamtvergütung – nach Maßgabe von Vorgaben des Bewertungsausschusses in der Besetzung nach § 87a Abs. 5 Satz 7 SGB V – um die Leistungen zu bereinigen ist, die Bestandteil der spezialfachärztlichen Versorgung sind. Die Bereinigung der morbiditätsbezogenen Gesamtvergütung darf dabei nicht zu Lasten der hausärztlichen Vergütungsanteile und auch nicht zu Lasten der fachärztlichen Grundversorgung gehen. Notwendige Korrekturverfahren (z.B. für die Korrektur falsch eingeschätzter Leistungsmengenentwicklungen) sind vorzusehen.

Spezialfachärztliche Leistungen können von Vertragsfachärzten bzw. (Plan)Krankenhäusern erbracht werden, die die – insbesondere vom G-BA in seinen Richtlinien – festzulegenden Voraussetzungen der Leistungserbringung erfüllen und dies dem erweiterten Landesausschuss Ärzte/Krankenkassen einschließlich der erforderlichen Belege angezeigt haben. Ein Leistungserbringer, der seine Teilnahme angezeigt hat, ist zu Abrechnung der jeweiligen spezialfachärztlichen Leistungen berechtigt, wenn der erweiterte Landesausschuss nicht spätestens innerhalb von zwei Monaten nach der Anzeige widersprochen hat. Die Teilnahmevoraussetzungen, insbesondere z.B. für die Qualität der Leistungserbringung, müssen nicht nur bei Beginn, sondern für die gesamte Dauer der Teilnahme gegeben sein. Das Anzeigeverfahren wird von der bisher zuständigen Landesbehörde auf den erweiterten Landesausschuss Ärzte/Krankenkassen übertragen. Der Landesausschuss Ärzte/Krankenkassen wird zu diesem Zweck als Adressat des Anzeigeverfahrens um die Landeskrankenhausgesellschaft erweitert. Er ist befugt, das Anzeigeverfahren ganz oder teilweise auf geeignete Dritte zu übertragen, einschließlich einer völligen Übertragung auf einen Dritten im Rahmen von vom Landesausschuss festgelegten allgemeinen Vorgaben – mit Rückholbefugnis in Sonderfällen –. Dritte können bei Eignung – z.B. sein der MDK, die KV, die Ärztekammer, die Arbeitsgemeinschaft Qualitätssicherung oder auch ein privater Dienstleister als beliehener Unternehmer–.

## 6. Weiterentwicklung der Wirtschaftlichkeitsprüfung für Arznei- und Heilmittel

Das VStG vom 22.12.2011 (BGBl I. S. 2983) modifiziert die gesetzlichen Rahmenbedingungen für die Richtgrößenprüfung erneut mit dem Ziel, dass bei erstmaliger Überschreitung der Richtgröße um mehr als 25 % die Beratung des Vertragsarztes zur Wirtschaftlichkeit und Qualität seines Verordnungsverhaltens Vorrang vor dem Arzneimittelregress haben soll ("Beratung vor Regress"). Dieser Grundsatz wird durch folgende Regelungen des VStG erreicht:

- bei erstmaliger Überschreitung des Richtgrößenvolumens um mehr als 25 % hat eine individuelle Beratung des Vertragsarztes über Wirtschaftlichkeit und Qualität der Verordnungen durch die Prüfstelle zu erfolgen. Der Vertragsarzt kann die Feststellung von Praxisbesonderheiten in dieser Beratung verlangen. Ein Mehraufwand bei einer Überschreitung des Richtgrößenvolumens oberhalb 25 % ist für diesen Prüfungszeitraum nicht zu erstatten;
- Ein Regress für den Mehraufwand oberhalb von 25 % des Richtgrößenvolumens kann bei künftigen, erneuten Überschreitungen nur für einen Prüfungszeitraum nach der Beratung durch die Prüfstelle festgesetzt werden, d.h. wird das Richtgrößenvolumen durch einen Vertragsarzt z.B. im Jahr 2012 erstmals um 25 % überschritten (Prüfzeitraum) und erfolgt die Beratung des Vertragsarztes durch die Prüfstelle bereits im Jahr 2013, so kann – bei erneuter Überschreitung – ein Arzneimittelregress erstmals für das Jahr 2014 festgesetzt werden. Die Beratung geht dem Arzneimittelregress vor. Somit kann ein Regress erst für einen der Beratung nachfolgenden Verordnungszeitraum erfolgen. Etwas anderes gilt allerdings dann, wenn der Vertragsarzt die Beratung ablehnt;
- Wird nach erfolgter Beratung in einem nachfolgendem Verordnungs- zeitraum das Richtgrößenvolumen gleichwohl um mehr als 25 % überschritten, so ist auch in diesem Fall das gesamte Regressvolumen für zwei Jahre auf insgesamt 25.000 Euro begrenzt;
- das Nähere zu dem Prüfverfahren sowie insbesondere zu dem Grundsatz "Bratung vor Regress" vereinbaren die Vertragsparteien auf Landesebene. Für Prüfverfahren vor Inkrafttreten der Neuregelung ist eine differenzierende Betrachtung angezeigt, je nachdem ob es sich um abgeschlossene Verfahren oder noch strittige Verfahren handelt.

Für die Richtgrößenprüfung von Heilmittelverordnungen bringt das VStG vom 22.12.2011 (BGBl I S. 2983) zusätzlich folgende Regelungen:

- die Vertragspartner auf Bundesebene (KBV und Spitzenverband - Bund) haben bis spätestens zum 30.09.2012 Praxisbesonderheiten für die Verordnung von Heilmitteln zu vereinbaren (§ 84 Abs. 8 Satz 3 SGB V) sowie
- genehmigte (Dauer)Verordnungen von Heilmitteln für Versicherte mit einem langfristigen Behandlungsbedarf sind künftig von der Richtgrößenprüfung ausgeschlossen. Die Genehmigung der (Dauer)Verordnung eines Heilmittels impliziert die Wirtschaftlichkeit dieser Verordnung und schließt damit die Prüfung der Wirtschaftlichkeit in einem weiteren Prüfverfahren regelhaft aus.

## 7. Neuregelung des Ausstoßes sowie der Bewertung von medizinischen Methoden in Diagnose und Therapie durch den G-BA

Verschreibungspflichtige Arzneimittel sind nach der (europäischen oder nationalen) Marktzulassung zu Lasten der GKV grundsätzlich verordnungsfähig. Das AMNOG sieht nunmehr vor, das – auf der Grundlage einer schnellen Nutzenbewertung durch den G-BA (nach Empfehlung durch das IQWiG) – eine Preisvereinbarung auf Bundesebene den vom Hersteller eigenständig festgesetzten Preis spätestens mit Wirkung ab einem Jahr nach Marktzugang ersetzt. Diese Regelung hat zu der Frage geführt, ob und inwieweit auch für andere Methoden in Diagnose und Therapie (insbesondere unter Einschluss von neuen Medizinprodukten) in der stationären Versorgung ein derartiger Bewertungsprozess erforderlich ist.

Bisher gilt für die Einführung neuer Methoden in der stationären Versorgung das Prinzip der Erlaubnis mit Verbotsvorbehalt. Neue Methoden sind in der stationären Versorgung grundsätzlich erlaubt, es sei denn sie werden auf Antrag einer Trägerorganisation durch Beschluss des G-BA von der Versorgung ausgeschlossen. Bisher hatte der G-BA nur die Möglichkeit, eine Methodik in der Versorgung zu belassen oder ganz von der Versorgung auszuschließen, auch wenn sie nicht unwirksam und nicht schädlich war, der (Zusatz) Nutzen allerdings (noch) nicht evidenzbasiert nachgewiesen werden konnte. Diese "alles oder nichts" – Konstellation hat zu nicht immer zufriedenstellenden Ergebnissen geführt.

Mit dem VStG wird daher zunächst die Befugnis des G-BA, Methoden von der Versorgung auszuschließen, eingeschränkt auf Methoden, die unwirksam und/oder schädlich sind und auch kein Potenzial zu einer erforderlichen Behandlungsalternative bieten. Anstelle des Versorgungsausschlusses wird dem G-BA die Möglichkeit eingeräumt, bei neuen Methoden mit Potenzial (d.h. nicht schädlich, nicht unwirksam und mit der Erwartung einer erforderlichen Behandlungsalternative) diese Methode in einem bestimmten Zeitraum zu erproben mit dem Ziel, den Nutzen dieser Methode nachzuweisen. Die inhaltlichen Bedingungen (insbesondere Qualität, Struktur) der Erprobung und die teilnehmenden Leistungserbringer (Krankenhäuser und – falls ambulant erbringbar – Vertragsfachärzte) werden von dem G-BA in seiner Richtlinie festgelegt. Alle Krankenhäuser, die diese Vorraussetzungen erfüllen, können an der Erprobungsphase zu den definierten Bedingungen teilnehmen. Für Häuser, die nicht an der Erprobung teilnehmen (wollen/können), bleibt die Methode erbringbar, der G-BA kann allerdings auch insoweit spezifische – sektorenübergreifende – Qualitätsbedingungen definieren. Erst wenn die Erprobungsphase ergibt, dass für die Methode kein (Zusatz) Nutzen nachgewiesen ist, kann der G-BA die Methoden von der Versorgung durch Richtlinienbeschluss ausschließen. Die Erprobungsphase ist nach Beauftragung durch den G-BA wissenschaftlich zu begleiten und zu evaluieren. Ist ein Medizinprodukt wesentlicher Bestandteil einer neuen Methode, so ist der Hersteller dieses Produktes an den (Overhead) – Kosten vom G-BA angemessen zu beteiligen. Die Versorgungskosten werden auch bei dieser Methode von der GKV getragen.


## 8. Stärkung der Neutralität des G-BA

Der G-BA ist durch die Gesetzgebung der vergangenen Legislatur strukturell weiter gestärkt worden und insbesondere mit einer Vielzahl von Regelungskompetenzen ausgestattet worden. In der 17. Legislatur ist mit den Regelungen des AMNOG zur frühen Nutzenbewertung dieser Ansatz fortgesetzt worden und auch das VStG gibt Regelungsaufträge an den G-BA z.B. für die Überarbeitung der Bedarfsplanungsrichtlinie und die Weiterentwicklung der spezialfachärztlichen Versorgung. Die oft kritisierte sozialversicherungs-rechtliche Regelungsdichte ist also nicht nur auf der Ebene des Parlamentsgesetzgebers zu finden – sondern – von diesem induziert – auch auf der Ebene des untergesetzlichen Normengebers, hier also des G-BA, angesiedelt. Verfassungsrechtliche Legitimation dieses "Ersatz"-gesetzgebers, Transparenz des Rechtsetzungsverfahrens sowie insbesondere Sachgerechtigkeit des Beschlussverfahrens sind daher Vorraussetzungen für die Tragfähigkeit und Akzeptanz eines derartigen Normsetzungsmodells.

Vor diesem Hintergrund werden durch das VStG vom 22.12.2011 (BGBl I S. 2983) die Beteiligungsrechte insbesondere Dritter an den Beschlussverfahren des G-BA ausgebaut, der grundsätzlich zutreffende Gedanke der sektorenübergreifenden Beschlussfassung wird relativiert durch das Prinzip der Beschussfassung durch diejenigen, die es angeht ("– wesentliche Betroffenheit – "). Um die Sachgerechtigkeit der Ergebnisse stärker abzusichern, wird schließlich die Neutralität der Unparteiischen durch verschiedene Regelungen gestärkt. Denn die Unparteiischen sind für die Konfliktlösung bei der Koalitionenbildung der Interessenvertreter im G-BA von maßgeblicher Bedeutung. Das VStG bringt zur Stärkung der Neutralität der Unparteiischen einmal die Verlängerung der Amtszeit der hauptamtlichen Neutralen auf 6 Jahre, allerdings ohne die Möglichkeit der Wiederwahl. Des Weiteren wird eine Karenzzeit von einem Jahr für die Unparteiischen als Benennungsvoraussetzung eingeführt, die dafür sorgen soll, dass ein gewisser Abstand zwischen den benennenden Trägerorganisationen und den als Neutrale benannten Personen besteht. Jemand, der in einem Beschäftigungsverhältnis zu einer Trägerorganisation ein Jahr vor Beginn der neuen Amtsperiode gestanden hat und auch während der Amtsperiode in einem derartigen Beschäftigungsverhältnis zu einer Trägerorganisation steht, ist damit als Unparteiischer nicht benennbar. Hiervon unabhängig, d.h. erst wenn die Benennungsvoraussetzungen erfüllt sind, hat der Bundestagsausschuss für Gesundheit das Recht, den von den Trägerorganisationen vorgeschlagenen Unparteiischen mit 2/3 Mehrheit zu widersprechen, wenn Zweifel an der Unparteilichkeit der Benannten bestehen. Legitimation des Gremiums G-BA und Neutralität der Unparteiischen werden hierdurch gestärkt. Schließlich wird für bestimmte Beschlüsse des G-BA ein Sonderquorum von 9 Stimmen eingeführt, und zwar immer dann, wenn der G-BA durch Beschluss Leistungen von der Versorgung ausschließt, die nicht allein einen Leistungssektor wesentlich betreffen, d.h. von sektorenübergreifender Bedeutung sind. Auch hierdurch sollen nicht sachgerechte, allein interessengeleitete Koalitionsbildungen innerhalb des G-BA erschwert werden.


## 9. Transparenz

Für die Durchführung des morbiditätsorientierten Risikostrukturausgleiches haben die Krankenkassen routinemäßig die Versichertentage und die Leistungsausgaben in den wesentlichen Leistungsbereichen der GKV, insbesondere in dem Bereichen Krankenhausversorgung, Arzneimittelversorgung, Krankengeld sowie vertragsärztliche Versorgung, vertragszahnärztliche Versorgung einschließlich der relevanten Morbiditätsdaten an das Bundesversicherungsamt zu übermitteln. Diese Daten werden vom BVA an eine vom BMG durch Rechtsverordnung benannte Datenaufbereitungsstelle pseudonymisiert übermittelt, die diese Daten aufzubereiten und den gesetzlich benannten Nutzungsberechtigten – anonymisiert – (§ 303e Abs. 3 SGB V) zu dem gesetzlich geregelten Nutzungszwecken zur Verfügung zu stellen hat. Nutzungszwecke sind (abschließend) die

- Wahrnehmung von Steuerungsaufgaben durch die Kollektivvertragspartner,
- Verbesserung der Qualität der Versorgung,
- Planung von Leistungsressourcen (z.B. Krankenhausbedarfsplanung),
- Längsschnittanalysen über längere Zeiträume, Analysen des Versorgungsgeschehens zum Erkennen von Fehlentwicklungen und von Ansatzpunkten von Reformen sowie
- Unterstützung politischer Entscheidungsprozesse und
- Analyse und Entwicklung von sektorenübergreifenden Versorgungsformen sowie von Einzelverträgen der Krankenkassen.

Nutzungsberechtigungen sind (abschließend) gesetzlich geregelt und umfassen alle wesentlichen Träger und Organisation des Gesundheitswesens (§ 303e Abs. 1 Nr. 1 - 18 SGB V). Nutzungsberechtigt sind beispielsweise der Spitzenverband Bund der Krankenkassen, Verbände der Krankenkassen, Krankenkassen, KBV/KZBV und KV/KZV, Deutsche Krankenhausgesellschaft, G-BA, DRG-Institut, IQWIG, Bundes- und Landesverbände, Ärzte-Zahnärztekammern auf Bundes- und Landesebene, Hochschulen und sonstige Einrichtungen mit Aufgabe der unabhängigen Forschung sowie Bundes- und

Landesbehörden. Die Kosten, die den öffentlichen Stellen (Vertrauensstelle und Datenaufbereitungsstelle) durch die Durchführung der Aufgaben der Datentransparenz entstehen, werden von den Krankenkassen als Umlage nach der Zahl ihrer Mitglieder getragen. Die Nutzungsberechtigten haben für die Nutzung der Daten der Datenaufbereitungsstelle Nutzungsgebühren zu entrichten.

Nachdem die Selbstverwaltungspartner auf Bundesebene seit 2004 (In Kraft treten GMG) nicht dazu in der Lage waren, sich über den Datensatz und das dazugehörige Verfahren zur Übermittlung und Nutzung zu verständigen, hat der Gesetzgeber mit dem Versorgungsstrukturgesetz nunmehr eine gesetzliche Grundlage für die Nutzung der R.S.A. Daten geschaffen. Damit erfolgt ein Einstieg in die Entwicklung und Nutzung eines Datenbestandes, der nicht zuletzt gesundheitspolitische Entscheidungen sowie Versorgungsentscheidungen der Kassen und sonstiger Leistungsträger im GKV-System auf eine neue Grundlage stellen wird. Schließlich wird auch der wissenschaftlichen Forschung der Hochschulen und sonstigen unabhängigen Einrichtungen mit diesem Datensatz eine kassen- und trägerübergreifende Datengrundlage zur Verfügung gestellt, die wissenschaftlichen Einrichtungen so in dieser Breite und Tiefe bisher nicht zugänglich war.

## 10. Zusammenfassung / Kritik

Das VStG ist nunmehr seit 1.1.2012 in Kraft und wird seine Wirkung mit der Umsetzung durch die Selbstverwaltung perspektivisch entfalten. Naturgemäß ist damit weder der Gesetzgebungsprozess dieser 17. Legislatur noch der Reformprozess in der GKV abgeschlossen. Bei diesem Reformprozess handelt es sich um einen langfristigen Veränderungsprozess, der nicht in der Spanne von Legislaturen und Gesetzgebungsprozessen gefasst werden kann und bei dessen Beurteilung die Beharrungskraft des Versorgungssystems und seiner Protagonisten zu berücksichtigen sind.

Kritisiert wird insbesondere, dass das Versorgungsstrukturgesetz – außer der Öffnung der Sektoren nach § 116 b SGB V für die spezialfachärztliche Versorgung – den stationären Versorgungsbereich nicht mit erfasst. Das ist zutreffend und findet eine Antwort darin, dass die – aktuellen – Fragen der stationären Versorgung erst mit dem im ersten Halbjahr des Jahres 2012 im parlamentarischen Verfahren zu beratenden Entwurf eines Psych-Entgeltgesetzes vom 20.01.2012 (BR/Drs. 30/12) beraten werden. Allerdings liegt diesem Vorgehen auch die grundsätzliche Einschätzung zu Grunde, dass nach dem Krankenhausfinanzierungsreformgesetz vom 17.03.2009 (BGBl I S. 534) die Zeit für einen weiteren strukturellen Reformschritt noch nicht reif genug geworden ist. Auf die – nach der Einführung des bundeseinheitlichen Preissystems (DRG) zentralen strukturellen Fragen, wie insbesondere der Rückgang der Investitionsfinanzierung durch die Länder und die Steuerung der Mengenentwicklung einschließlich der damit verbundenen Fragen der Qualität der Versorgung, gibt es keine – überzeugenden – sowie insbesondere auch im Bund- Länderverhältnis durchsetzungsfähigen Lösungsansätze. Erst in der 16. Legislatur ist im Vorfeld des Entwurfs des Krankenhausfinanzierungs-reformgesetzes vom 07.11.2008 (BT-Drs. 16/10807) ein weitergehender Steuerungsansatz über selektive Verträge bei elektiven Leistungen am parteiübergreifenden Widerstand insbesondere der Bundesländer gescheitert. Sinnvoll könnte es also sein, das Problem der Menge bei einem nicht budgetierten Preissystem und bei nicht ausreichender Investitionsfinanzierung der Länder perspektivisch mit wissenschaftlicher Unterstützung aufzubereiten und diesen Prozess mit kurzfristig wirkenden Mengenbegrenzungen bzw. mengensteuernden Maßnahmen zu begleiten.

Kritisiert wird schließlich, dass das VStG mit der Stärkung des Kollektivvertrages (insbesondere in der vertragsärztlichen und vertrags-zahnärztlichen ambulanten Versorgung) und der damit verbundenen Stärkung der Selbstverwaltung auf einen Steueransatz, der über Jahrzehnte gewachsen ist, setzt und nicht selektives Kontrahieren als wettbewerbliches Steuerungs-instrument weiter ausbaut. Auch das ist richtig und hat seinen guten Grund. Zunächst ist festzuhalten, dass der rechtliche Rahmen der Selektiv- (§ 73b, 73c SGB V) und Integrationsverträge (§ 140a SGB V) den Kassen und ihren Verbänden eigentlich alle Möglichkeiten einzelvertraglicher Gestaltung seit Jahren öffnet. Der weit überwiegende Teil der Versorgung der Versicherten wird allerdings - auch nach einer über zwanzigjährigen Erörterung von Selektivverträgen in Wissenschaft und Politik – nach wie vor kollektiv-vertraglich organisiert. Das gilt insbesondere für die stationäre Versorgung sowie die ambulante vertragsärztliche und vertragszahnärztliche Versorgung. Auch die Arzneimittelversorgung ist grundsätzlich kollektivvertraglich organisiert (mit Ausnahme des Rabattvertragsgeschäfts für Generika). Der Anteil des Honorarvolumens der Selektivverträge an der vertragsärztlichen Versorgung beträgt in 2010 nach den Zahlen des Bewertungsausschusses rund 1,3 Mrd. Euro; das Volumen der Integrationsverträge und vergleichbarer vertraglichen Gestaltungen beläuft sich nach dem Auslaufen der Anschubfinanzierung im Jahr 2008 in 2011 auf 1.358 Mrd. Euro. Gemessen an den Gesamten Leistungsausgaben der GKV (rd. 165 Mrd. 2010) ist das nahezu marginal. Der – dominierende – Einfluss kollektivvertraglicher Organisationsformen auf die Gestaltung von Versorgung besteht damit fort und wird auf absehbare Zeit erhalten bleiben. Natürlich bleibt in der konzeptionellen Diskussion selektives Kontrahieren weiterhin ein Thema. Praktisches Handeln kann allerdings einen derartigen Befund nicht ignorieren und muss dementsprechend kollektivvertragliche Strukturen so weiterentwickeln, dass sie die ihnen zugewiesenen Versorgungsaufgaben auch in der überschaubaren Zukunft weiter erfüllen können.

**Das Versorgungsstrukturgesetz (GKV-VStG) aus Sicht der Deutschen Krankenhausgesellschaft**

*Rudolf Kösters*

## 1. Ziele und Entwicklung des Gesetzes

Bereits 2009 hat die Bundesregierung in ihrem Koalitionsvertrag angekündigt, ihr zentrales gesundheitspolitisches Anliegen der Sicherstellung einer flächendeckenden, wohnortnahen und bedarfsgerechten medizinischen Versorgung der Patienten in ein Gesetz zu gießen. Dieses Ziel ist sie mit dem GKV-Versorgungsstrukturgesetz (GKV-VStG) in 2011 angegangen. Strukturelle Veränderungen wie die Reduktion des Ärztemangels und der Wartezeiten sowie der Verringerung von Versorgungsbrüchen für den Patienten sollten durch das Gesetz erreicht werden. Eine für den Patienten spürbare Verbesserung der Versorgung hat der Gesetzgeber mit dem GKV-VStG beabsichtigt. Ziele, zu deren Erreichung die Krankenhäuser bereits seit langem einen nachhaltigen Beitrag leisten.

Mit der Verabschiedung des Versorgungsstrukturgesetzes im Deutschen Bundestag am 01. Dezember bestätigt sich jedoch, dass das Gesetz umfassend auf die Versorgung durch niedergelassene Ärzte fokussiert und die Versorgungsmöglichkeiten der Krankenhäuser reduziert; vor allem die medizinische Versorgung besonders schwer kranker Patienten wird erschwert und die Versorgungsbrüche werden damit wieder verstärkt. Fortritte hat das GKV-VStG bei der Ausrichtung des G-BA gebracht (sektorenbezogene Stimmrechte, Kriterien für Leistungsausschluss). Auch die Regelung „Wer kann, der darf" bei der Zulassung zur Erbringung des - nun jedoch extrem eingeschränkten - Spektrums der § 116b-Leistungen ist als Verbesserung zu nennen.

## 2. Einschätzung zentraler Aspekte des GKV-VStG aus Sicht der DKG

### 2.1 Ambulante spezialärztliche Versorgung (§ 116b-Leisungen)

Mit der Neudefinition des Spektrums der so genannten § 116b-Leistungen wird für schwerstkranke Patienten der Zugang zu einer qualifizierten interdisziplinären ambulanten Versorgung deutlich beschränkt. Zugang zur spezialfachärztlichen ambulanten Behandlung in den Krankenhäusern ist nunmehr ausschließlich Krebs-, Herz-, Rheuma-, HIV-Kranken und Kindern vorbehalten sein, und das auch nur dann, wenn ein besonders schwerer Krankheitsverlauf diagnostiziert ist. Allen anderen gesetzlich versicherten Patienten ist der Zugang zu diesen Leistungen – im Gegensatz zu PKV-Patienten – zumindest im oder am Krankenhaus verwehrt. Die Abgrenzung der Leistungen wird weiterhin durch den G-BA erfolgen. Darüber hinaus hat der G-BA für Leistungen, die sowohl ambulant spezialfachärztlich als auch teilstationär oder stationär erbracht werden können, allgemeine Tatbestände zu bestimmen, bei deren Vorliegen eine ambulante Leistungserbringung ausnahmsweise nicht ausreichend ist und eine teilstationäre oder stationäre Durchführung erforderlich sein kann.

Mit den Einschränkungen des Leistungsspektrums des bisherigen Leistungskataloges gem. § 116b SGB V sind Versorgungsbrüche, Leistungseinschränkungen und große Unsicherheiten für viele Patienten und die behandelnden Ärzte gesetzlich festgeschrieben. Die Leistungseinschränkungen betreffen die Bereiche onkologische Erkrankungen, HIV/Aids und rheumatologische Erkrankungen, ebenso wie ausdrücklich auch Herzinsuffizienz, Multiple Sklerose, Epilepsie, komplexe Erkrankungen im Rahmen der pädiatrischen Kardiologie, die Versorgung von Frühgeborenen mit Folgeschäden sowie Querschnittslähmung bei Komplikationen, die eine interdisziplinäre Versorgung erforderlich machen.

Mit diesen Regelungen lässt der Gesetzgeber eine große Chance verstreichen, das Versorgungsniveau besonders für schwer kranke Patienten und auch für diejenigen Patienten, die in unterversorgten Regionen leben, zu verbessern oder auch nur auf dem aktuellen Niveau zu erhalten. Dieses ist keine Politik für Patienten, sondern kläre ärztliche Standespolitik.

Für die Versorgung von Patienten mit schweren Verlaufsformen von Erkrankungen mit besonderen Krankheitsverläufen *kann* der G-BA Regelungen zu Vereinbarungen treffen, die eine **Kooperation** zwischen den beteiligten Leistungserbringern in diesem Versorgungsbereich fördern. Für die Versorgung von Patienten mit schweren Verlaufsformen onkologischer Erkrankungen *muss* der G-BA Regelungen für entsprechende Kooperationsvereinbarungen treffen.

Hat der G-BA eine solche Regelung getroffen, so ist das Vorliegen einer entsprechenden Kooperationsvereinbarung eine weitere Voraussetzung für die Zulassung, es sei denn, es sind im relevanten Einzugsbereich keine geeigneten Kooperationspartner vorhanden oder es konnte trotz ernsthaften Bemühens keine Kooperation abgeschlossen werden.

Aus Sicht der Krankenhäuser bieten diese neuen Zulassungsregelungen Chancen und Risiken. Positiv könnte sein, dass für die (Zulassungs-) Entscheidungen des Landesauschusses ausschließlich die Erfüllung der G-BA-Anforderungen maßgeblich und der Ermessensspielraum des Landesausschusses somit eng begrenzt ist. Angesichts der bisherigen, nur in sehr geringem Umfang erfolgten Zulassung von Krankenhäusern zur § 116b-Versorgung einiger Bundesländer besteht jetzt die Chance, dass mehr Krankenhäuser an der ambulanten spezialfachärztlichen Versorgung teilnehmen dürfen. Vor dem Hintergrund von über 100 Konkurrentenklagen niedergelassener Ärzte gegen bestehende onkologische § 116b-Zulassungen ist jedoch zu bezweifeln, dass die Krankenhäuser die ggf. erforderlichen Kooperationsvereinbarungen abschließen können. In diesen Fällen wird abzuwarten sein, wie sich die praktische Umsetzung der gesetzlichen Vorgaben darstellt.

## 2.2 Vor- und nachstationäre Leistungen (§ 115a SGB V)

Mit der Klarstellung, dass Kooperationen zwischen Krankenhäusern und niedergelassenen Vertragsärzten möglich sind und zwar sowohl für die vor- und nachstationäre Krankenhausbehandlung nach § 115a SGB V als auch für ambulante Operationen nach § 115b SGB V, stärkt der Gesetzgeber im Prinzip die sektorenübergreifende Leistungserbringung. Flexible Möglichkeiten zur Zusammenarbeit zwischen Krankenhäusern und Vertragsärzten sind eine wichtige Voraussetzung für die engere Verzahnung zwischen ambulantem und stationärem Sektor. Umso wichtiger wäre eine gesetzliche Klarstellung zur Rechtmäßigkeit von Kooperationen zwischen Krankenhäusern und niedergelassenen Ärzten gewesen, um der Bildung eines „Sumpfes unklarer Geschäftsmodelle" rund um das „kick-back-Verbot" vorzubeugen – ein nicht zu unterschätzender Mangel des Gesetzes! Die Rechtsunsicherheit ist groß und die Krankenhäuser hätten sich in dieser Frage eine Klarstellung des Gesetzgebers gewünscht und verstehen nicht, warum trotz Vorliegens eines Änderungsantrages in diesem Punkt keine Rechtssicherheit geschaffen wurde.

## 2.3 Medizinische Versorgungszentren (MVZ)

Zwar dürfen Krankenhäuser auch weiterhin Träger medizinischer Versorgungszentren sein, allerdings sind sie in ihren möglichen Rechtsformen eingeschränkt. Zulässig sind nur noch Personengesellschaften, GmbHs oder eingetragene Genossenschaften. Die Gründung von MVZ in Form von Aktiengesellschaften ist nicht mehr zulässig. Außerdem räumt das Gesetz frei-beruflich tätigen Ärzten im Rahmen von Praxisnachbesetzungsverfahren einen Vorrang gegenüber MVZ in Krankenhausträgerschaft ein. Damit werden MVZ in der Trägerschaft von Krankenhäusern offen als vorrangig kapitalorientiert diskriminiert und bei der Neuerrichtung eingeschränkt. Diese Neuregelung frönt einem längst überholten Freiberuflichkeitsbegriff und passt nicht mehr zur veränderten Versorgungslandschaft; sie ist mehr als kurios.

## 2.4 Rahmenbedingungen Krankenhausfinanzierung

In 2011 hatten die Krankenhäuser mit massiven Kostensteigerungen zu kämpfen. Die Personalkosten sind um rund drei Prozent gestiegen, die Inflationsrate lag bei 2,4 Prozent (Stand: November 2011). Die Landesbasisfallwerte sind demgegenüber nur um durchschnittlich 0,3 Prozent gestiegen. Eine Refinanzierung der gestiegenen Kosten war daher nicht möglich. Im Jahr 2012 wird sich die finanzielle Schieflage der Krankenhäuser weiter verschärfen. Durch das Festhalten des Gesetzgebers an der Grundlohnrate - anstelle des bereits 2009 im KHRG versprochenen Kostenorientierungswertes - müssen die Krankenhäuser in 2012 mit einer Preiszuwachsrate von unter einem Prozent Tarifforderungen der Krankenhausärzte im kommunalen Bereich von über sechs Prozent und Forderungen für die nicht-ärztlichen Beschäftigten in voraussichtlich ähnlicher Höhe finanzieren.

Mit dem GKV-VStG wurde aus Sicht der Krankenhäuser leider die Chance verpasst, die mit dem GKV-Finanzierungsgesetz eingeführten Kürzungen zurückzunehmen oder zumindest zu reduzieren, da sich diese als völlig überzogen herausgestellt haben. Auch eine Tarifausgleichsrate zur Abmilderung der negativen Auswirkungen der Tarifrunde 2012 wurde zum Bedauern der Krankenhäuser nicht gesetzlich verankert. Darüber hinaus wurde die längst überfällige Ablösung der Grundlohnrate durch den Kostenorientierungswert weiter in die Zukunft verschoben.

## 2.5 Organisation der Gemeinsamen Selbstverwaltung: Struktur des G-BA

Mit dem GKV-VStG entwickelt der Gesetzgeber die Strukturen der Selbstverwaltung im Gemeinsamen Bundesausschuss (G-BA) weiter. Hinsichtlich der Stimmrechtsverhältnisse sind ab dem 01. Januar 2012 bei einer Beschlussfassung nur noch diejenigen Leistungserbringer stimmberechtigt, deren Leistungssektoren wesentlich betroffen sind. Positiv zu werten ist auch die Regelung, dass Beschlüsse über den Ausschluss von Leistungen aus dem Leistungskatalog der GKV nun einer Mehrheit von neun (statt bisher sieben) Stimmen bedürfen. Darüber hinaus legt das GKV-VStG neue Regeln zum Ausschluss von Behandlungsmethoden für Krankenhausbehandlungen aus dem Leitungskatalog der GKV fest. Eine Leistung kann nun nicht mehr allein aufgrund einer Nutzenprüfung ausgeschlossen werden. Voraussetzung für den Ausschluss aus dem GKV-Leistungskatalog ist jetzt darüber hinaus der Nachweis, dass die Methode nicht das Potential einer erforderlichen Behandlungsalternative bietet. Konnte nur der Nutzen einer Methode nicht hinreichend belegt werden, aber die Methode bietet das Potential einer erforderlichen Behandlungsalternative, so hat der G-BA künftig eine Richtlinie zur Erprobung der Methode zu beschließen. Zudem erhält die Medizinprodukteindustrie ein Antragsrecht auf Erprobung.

Das GKV-VStG trägt mit diesen Regelungen dazu bei, dass wertvolle Behandlungsalternativen für GKV-Versicherte künftig nur noch aufgrund noch unter erschwerten Bedingungen ausgeschlossen werden können. Diesen versorgungspolitisch bedeutsamen Schritt begrüßen die Krankenhäuser ausdrücklich. Darüber hinaus ist der G-BA verpflichtet, spätestens ab dem 01. September 2012 die Bürokratiekosten, die aufgrund seiner Beschlüsse zu erwartenden sind, zu ermitteln und darzustellen.

Akzeptabel sind auch die neuen Regelungen bzgl. des Berufungsverfahrens der Unparteiischen Mitglieder und deren Stellvertreter. Dadurch, dass die drei unparteiischen Mitglieder und deren Stellvertreter nun vor ihrer Berufung ein Jahr lang nicht bei einer der G-BA-Trägerorganisationen bzw. deren Mitgliedern beschäftigt gewesen sein dürfen, schränkt sich zwar der Kreis fachlich geeigneter Kandidaten ein, aber die einjährige „Ruhepause" kann durchaus helfen, die Neutralität zu fördern. Die ursprünglich im Gesetz vorgesehene Karenzzeit von drei Jahren hätte den Kandidatenkreis extrem reduziert. Die nun eingeführte erforderliche Bestätigung der von der Selbstverwaltung (Trägerorganisationen des G-BA) ausgewählten unparteiischen Mitglieder durch den Gesundheitsausschuss des Deutschen Bundestages (Widerspruchslösung mit notwendiger 2/3 Mehrheit) kann als noch systemwahrend angesehen werden.

## 2.6 Psychiatrische Institutsambulanten (PIA)

Nicht nur zwischen den Sektoren, auch innerhalb des Krankenhaussektors hat der Gesetzgeber seine Möglichkeiten zum Abbau von Hürden nicht genutzt. So hat er bei der Entwicklung eines neuen Entgeltsystems für die Psychiatrie die psychiatrischen Institutsambulanzen mit weiteren Bürokratielasten belegt. Alle Behandlungsfälle der psychiatrischen Institutsambulanzen – das sind immerhin circa eine Million p.a. – sollen im Rahmen des Prüfauftrags nach einem bundeseinheitlichen Leistungsverzeichnis, das im 1. Quartal 2012 von der Selbstverwaltung zu entwickeln ist, kodiert werden. D.h. jede Intervention am Patienten wird dann minutengenau zu erfassen sein. Diese Regelung gilt ausschließlich für Patienten, die in Krankenhäusern behandelt werden. Für die niedergelassenen Ärzte gilt diese Erfassungspflicht nicht.

## 3. Abschließende Einschätzung

Das Ziel, Rahmenbedingungen für strukturelle Veränderungen in der Gesundheitsversorgung zu schaffen, hat der Gesetzgeber erreicht. Der Gesetzgeber hat mit dem GKV-VStG auch Wort gehalten, als dass dieses Gesetz Strukturveränderungen angeht und kein Kostendämpfungsgesetz ist. Positiv ist zudem die Zulassung von Ärzten und Krankenhäusern zur ambulanten spezialärztlichen Versorgung nach dem Grundsatz „Wer kann, der darf". Auch die restriktiveren Voraussetzungen zum Ausschluss einer Methode aus dem Leistungskatalog der GKV im Rahmen der Krankenhausbehandlung und die geänderten Abstimmungsverhältnisse und Mehrheitserfordernisse im Gemeinsamen Bundesausschuss (G-BA) sind positive Aspekte des GKV-VStG für die Patienten. Die Lösung versorgungsorganisatorischer Fragen wird durch die nun neue Möglichkeit der Länder, auf Landesebene ein gemeinsames Gremium zu sektorübergreifenden Versorgungsfragen zu bilden, erleichtert werden. Die konkrete Ausgestaltung der mit dem GKV-VStG geschaffenen Rahmenbedingungen und damit ihr Beitrag zur Sicherung und Verbesserung der Versorgung der Patienten wird sich in der Praxis beweisen müssen.

Mehr versprochen hatten sich die Krankenhäuser von dem Gesetz im Hinblick auf die Öffnung der Sektoren und die damit einhergehende Verringerung von Versorgungsbrüchen für die Patienten – gerade auch im Hinblick auf die § 116b-Leistungen. So hoffen sie auf den Fortbestand der Bereitschaft des Gesetzgebers, strukturelle Problemlagen in den Krankenhäusern angehen zu wollen. Das sind z.B. der Fachkräftemangel, die Verbesserung der Bedingungen für die ärztliche Weiterbildung und Nachjustierungen im Vergütungssystem. Vor dem Hintergrund der schwächer als erwartet ausgefallenen Finanzierungseinbrüche durch die günstige allgemeine wirtschaftliche Situation und die gut gefüllten Kassen der Gesetzlichen Krankenversicherung, hätten sich die Krankenhäuser eine Rücknahme oder zumindest eine deutliche Reduktion ihres Sparbeitrages aus dem GKV-Finanzierungsgesetz gewünscht und für sachlich angemessen gehalten.

# Das neue GKV-Versorgungsstrukturgesetz – die wichtigsten Elemente

*Stefan Gräf*

Eines der wichtigsten Gesetze der jüngeren Gesundheitspolitik ist zu Beginn des Jahres 2012 in Kraft getreten. Neben den wesentlichen Neuregelungen liegt seine Bedeutung vor allem in der grundsätzlichen Neuausrichtung der deutschen Gesundheitspolitik, die sich schlagwortartig wie folgt charakterisieren lässt: weg von der Kostendämpfungspolitik – hin zu Versorgungsverbesserungen für die Versicherten und Patienten durch Strukturveränderungen. Die wesentlichen Mittel hierzu sind: weniger Regulierung – mehr Optionen der (regionalen) Gestaltungsmöglichkeiten, Anreize, Motivation und einige Ansätze zur Förderung der Attraktivität des Arztberufs. Insgesamt kann man also von einem veritablen Paradigmenwechsel in der deutschen Gesundheitspolitik sprechen.

Die wichtigsten Elemente:

## I. Die neue Bedarfsplanung

Mit dem Auftrag an den Gemeinsamen Bundesausschuss, die Bedarfsplanungsrichtlinie „zu renovieren", hat der Gesetzgeber auf den zunehmenden Arztmangel, die immer älter werdende Bevölkerung und die in diesem Zuge entstehende medizinische Unterversorgung vor allem in strukturschwachen Regionen, reagiert. Eine neue, flexible und vor allem wesentlich feiner gesteuerte Bedarfsplanung soll Ärzte und Psychotherapeuten motivieren, sich künftig vermehrt dort niederzulassen, wo sie am meisten gebraucht werden. Die Kassenärztliche Bundesvereinigung hat ein strukturiertes Konzept zur Weiterentwicklung der Bedarfsplanung vorgelegt, das derzeit die Beratungsgrundlage im Gemeinsamen Bundesausschuss darstellt und von folgenden Überlegungen getragen wird.

1. <u>Neueinteilung der Arztgruppen, die beplant werden</u>

Hierbei geht es um die Frage, ob es bei der bundesweiten Beplanung der Ärzte und Psychotherapeuten in den bisherigen Planungsgruppen bleiben soll. Hierzu gehören bisher die Arztgruppen der Hausärzte, Anästhesisten, Augenärzte, Chirurgen, Frauenärzte, HNO-Ärzte, Hautärzte, Fachinternisten, Kinderärzte, Nervenärzte, Orthopäden, Psychotherapeuten, Radiologen und Urologen.

Künftig sollen zusätzlich die Schmerztherapeuten sowie die bisher nicht beplanten Arztgruppen der Kinder- und Jugendpsychiater, Mund-Kiefer-Gesichtschirurgen, Ärzte der physikalischen und rehabilitativen Medizin, Nuklearmediziner, Strahlentherapeuten und Neurochirurgen sowie die Arztgruppe der sog. „Auftragnehmenden Ärzte ohne Patientenkontakt" (Biochemiker, Humangenetiker, Immunologen, Laborärzte, Mikrobiologen, Pathologen und Transfusionsmediziner) hinzukommen.

Damit soll zukünftig auch der Zuwachs insbesondere derjenigen Arztgruppen gesteuert werden können, die sich derzeit bereits überdurchschnittlich am tatsächlichen Bedarf vorbei entwickeln. Die Zahl der Planungsgruppen würde damit von 14 auf 21 steigen.

2.  Neugliederung der Planungsbereiche

Die derzeitigen 395 Planungsbereiche sind an den kreisfreien Städten und Landkreisen ausgerichtet. Diese Bereiche sind aber für eine sachgerechte Beplanung der hausärztlichen Versorgung zu groß und für diejenige der spezialisierten fachärztlichen Disziplinen zu klein. Sie haben sich daher als ungeeignet erwiesen, in Zeiten des beginnenden Ärztemangels die tatsächlich notwendigen medizinischen Versorgungbedarfe richtig abzubilden.

Zukünftig soll sich die Größe der Planungsbereiche nach dem Spezialisierungsgrad der Ärzte und der Häufigkeit der Inanspruchnahme durch die Patienten richten. Dabei soll die Grundregel gelten, dass der Raumzuschnitt umso großer sein soll, je spezialisierter die ärztliche Versorgung durch die entsprechende Arztgruppe ist. Insgesamt sieht das KBV-Konzept vier Planungskategorien vor, die sich an folgenden Versorgungsebenen orientieren.

a)  Hausärztliche Versorgung

Um die wohnortnahe Versorgung bedarfsgerecht sicherzustellen, wird die hausärztliche Versorgung kleinräumig gestaltet. Statt den derzeit 395 Planungsbereichen soll es bis zu 4.000 Planungsbereiche geben, die sich an den

Grenzen der Gemeindeverbände bzw. Verbandsgemeinden orientieren. Maßgeblich ist hierfür die Grundannahme, dass ein Hausarzt idealerweise etwa 1.500 Menschen zur Verfügung stehen sollte.

Der Landesausschuss soll zudem über Zusammenlegungen bzw. weitere Untergliederungen entscheiden dürfen, um eine Annäherung an das genannte Verhältnis von Hausarzt und Anwohnern zu ermöglichen.

*b)   wohnortnahe fachärztliche Versorgung*

Die Planungsbereiche für die wohnortnahe fachärztliche Versorgung (zum Beispiel Augenärzte, Orthopäden, Gynäkologen) sollen zum einen größer, zum anderen differenzierter ausfallen. Hier soll vor allem berücksichtigt werden, dass Patienten aus den umliegenden Ortschaften vielfach ihre Fachärzte in den Ballungszentren aufsuchen, etwa dort, wo sie auch beschäftigt sind. Solche sogenannten „Mitversorgereffekte" können in der Bestandsaufnahme dazu führen, dass einerseits eine bisher ausgewiesene Überversorgung in der Stadt als solche gar nicht besteht und andererseits eine Unterversorgung im umliegenden ländlichen Gebiet nicht so stark ausgeprägt ist, wie bisher im landkreisbezogenen Durchschnitt (unzutreffend) errechnet wurde. In ländlichen Regionen hingegen, in denen wegen der Entfernung vom Ballungszentrum keine nennenswerten Pendlerbewegungen stattfinden, weisen die Modellrechnungen der KBV schließlich einen leicht erhöhten Bedarf an Fachärzten der wohnortnahen Versorgung aus – mit entsprechenden Folgen für Niederlassungsmöglichkeiten.

Auch hier sollen den Landesausschüssen ermöglicht werden, etwa größere Städte (über 100.000 Einwohner) weiter zu untergliedern oder Gemeinden innerhalb des Kreises zweckmäßig zusammenzufassen.

*c)   Sonderbereich I und II der fachärztlichen Versorgung*

Stark spezialisierte Fachärzte schließlich werden von der Bevölkerung ungleich weniger in Anspruch genommen als die Mediziner der vorgenannten Arztgruppen. Deren Planungsbereiche können dementsprechend wesentlich größer ausgestaltet werden.

Beispielsweise für Radiologen, Anästhesisten und Fachinternisten sollen die Planungsbereiche etwa so groß sein wie etwa 5 Verbandsgemeinden. Von diesem „Sonderbereich I" soll es 96 Planungsbereiche geben.

Im „Sonderbereich II", der den 17 KV-Bereichen entspricht, sollen etwa die Nuklearmediziner, die Strahlentherapeuten sowie diejenigen Ärzte beplant werden, die als auftragnehmende Ärzte überhaupt keinen Patientenkontakt haben. Zu letzteren gehören zum Beispiel die Pathologen, Mikrobiologen, Laborärzte und Humangenetiker.

3.  Neufestlegung der Verhältniszahlen

Nach dem Vorschlag der KBV sollen für die 21 Arztgruppen, die der Bedarfsplanung unterliegen, insgesamt sieben Verhältniszahlen gelten: Je eine Verhältniszahl für die hausärztliche Versorgung, die fachärztliche Versorgung im Sonderbereich I und im Sonderbereich II sowie vier Verhältniszahlen für die wohnortnahe fachärztliche Versorgung. Diese Zahlen, die das Einwohner-Arzt-Verhältnis abbilden, sollen bundesweit einheitlich – mit regionalen Abweichungsmöglichkeiten – sein.

Während sich die bisherigen Verhältniszahlen ausschließlich an der Versorgungssituation zu einem bestimmten Stichtag orientieren, soll künftig die demografische Entwicklung darüber entscheiden, wie viele Ärzte gebraucht werden und sich dementsprechend niederlassen können.

4.  Neuregelung des Sonderbedarfs

Schon nach geltendem Recht bestand die Möglichkeit für Sonderbedarfszulassungen in eigentlich gesperrten Planungsbereichen. Im neuen Versorgungsstrukturgesetz werden die Voraussetzungen konkretisiert, indem nunmehr ausdrücklich zusätzliche Niederlassungsmöglichkeiten gegeben sein können, soweit lokaler bzw. qualifikationsbezogener Sonderbedarf besteht. Dabei wird dem Gemeinsamen Bundesausschuss die Aufgabe der Konkretisierung der Vorgaben und Konstellationen zugewiesen, bei deren Vorliegen die Erteilung einer Sonderzulassung im Bedarfsfall erleichtert wird.

Hierzu wird die KBV auf vergleichbare Analysesysteme zurückgreifen, die heute schon bei der Standortplanung zahlreicher Wirtschaftsbereiche verwendet werden.

## II. Die neue ambulante spezialfachärztliche Versorgung

Das GKV-VStG schafft eine neue Versorgungsebene im Bereich der ambulant-stationären Schnittstelle, die ambulante spezialfachärztliche Versorgung (ASV) gemäß § 116b SGB V – neu –.

In dieser neuen Versorgungsebene sollen zukünftig Leistungen bei

- schweren Verlaufsformen bei besonderen Krankheitsverläufen
- seltenen Erkrankungen bzw. solche mit geringen Fallzahlen sowie
- hochspezialisierte Leistungen

von niedergelassenen Vertragsärzten sowie von Krankenhäusern als ambulante Leistungen unter gleichen Wettbewerbsbedingungen, zu gleichen Qualitätsvoraussetzungen sowie zu den gleichen Vergütungsbedingungen zu festen Preisen und ohne Mengensteuerung, Kapazitätssteuerung sowie ohne Bedarfsplanung erbracht werden.

Die wichtigsten Eckpunkte hierzu:

- der Zugang zur ASV ist allen Fachärzten sowie Fachärzten des hausärztlichen Versorgungsbereichs für die entsprechenden Leistungen zu ermöglichen, soweit die Qualifikation nachgewiesen ist
- das Anzeige- und Prüfverfahren hinsichtlich der Zugangsberechtigung sowie der Qualifikation erfolgt durch den (um die Landeskrankenhaus-gesellschaft erweiterten) Landesausschuss
- die Bereinigung der morbiditätsbedingten Gesamtvergütung (MGV) von ASV-Leistungen darf nicht zu Lasten der fachärztlichen Grundversorgung sowie der hausärztlichen Versorgung erfolgen
- es bestehen folgende Überweisungserfordernisse in die ASV:
  o obligatorisches Überweisungserfordernis bei den schweren Verlaufs-formen bei besonderen Krankheitsverläufen

o    fakultatives Überweisungserfordernis bei seltenen Erkrankungen und bei solchen mit geringen Fallzahlen

o    fakultatives Überweisungserfordernis bei hochspezialisierten Leistungen

-    es bestehen folgende Kooperationserfordernisse bei der ASV:

o    fakultatives Kooperationserfordernis bei schweren Verlaufsformen bei besonderen Krankheitsverläufen

   ▪ Ausnahme: obligatorisches Kooperationserfordernis bei onkologischen Erkrankungen

o    kein Kooperationserfordernis bei seltenen Erkrankungen oder bei solchen mit geringen Fallzahlen

o    kein Kooperationserfordernis bei hochspezialisierten Leistungen

-    das Kooperationserfordernis ist obsolet, wenn

o    kein geeigneter Kooperationspartner vorhanden ist oder

o    kein geeigneter Kooperationspartner bereit für kooperativ zu erbringende Leistungen der ASV ist

-    die Einzelheiten der vorgenannten Punkte werden durch den Gemeinsamen Bundesausschuss (G-BA) im ausgestaltet. Die entsprechende Richtlinie soll am 01.01.13 in Kraft treten.

### III. Grundzüge des neuen vertragsärztlichen Vergütungssystems

Schon mit dem GKV-Wettbewerbsstärkungsgesetz (GKV-WSG) wurde die bisherige stringente Budgetierung der vertragsärztlichen Vergütung abgeschafft, indem die Bindung der Entwicklung der Gesamtvergütungen an die Grundlohnsummenentwicklung aufgegeben wurde. Als Parameter wurde vielmehr der Behandlungsbedarf der GKV-Versicherten eingeführt, das heißt, dass die Gesamtvergütungen, die die Krankenkassen an die Kassenärztlichen Vereinigungen mit befreiender Wirkung zahlen, nunmehr grundsätzlich morbiditätsorientiert ausgerichtet sind.

Diese Morbiditätsorientierung wurde dadurch operationalisiert, dass der mit der Zahl und Morbiditätsstruktur der Versicherten verbundene Behandlungsbedarf als Punktzahlvolumen von den (regionalen) Partnern der Gesamtverträge auf der Basis des Einheitlichen Bewertungsmaßstabs (EBM) vereinbart und mit regionalen Punktwerten bewertet wurde.

Das GKV-Versorgungsstrukturgesetz (GKV-VStG) ändert zwar nichts an dieser grundsätzlichen Konzeption. Es gibt jedoch den regionalen Vertragspartnern einen größeren Spielraum hinsichtlich der Festlegung der regionalen Punktwerte sowie bei den Verhandlungen über die Anpassung des morbiditätsbedingten Behandlungsbedarfs.

1. Regionalisierung bei der Vereinbarung der Gesamtvergütungen

*a) Bundeseinheitlicher Orientierungswert und regionaler Punktwert*

Die Vereinbarung des Orientierungswertes auf Bundesebene durch den Bewertungsausschuss erfolgte nach dem GKV-WSG als dreifach differenzierter Orientierungswert, nämlich für den Regelfall, bei Feststellung von (drohender) Unterversorgung sowie bei Feststellung von Überversorgung. Für die Vereinbarung der regionalen Punktwerte waren diese drei Orientierungswerte maßgeblich.

Diese dreifache Differenzierung des Orientierungswertes nach dem Versorgungsgrad ist vom GKV-VStG aufgegeben worden mit der Folge, dass nunmehr nur noch ein einziger Orientierungswert bundeseinheitlich in Euro zur Vergütung vertragsärztlicher Leistungen zu vereinbaren ist. Festgehalten wurde hingegen an den Kriterien der Anpassung dieses Orientierungswertes, nämlich „insbesondere" nach

a)   der Entwicklung der für die Arztpraxen relevanten Investitions- und Betriebskosten
b)   die Möglichkeiten zur Ausschöpfung von Wirtschaftlichkeitsreserven sowie
c)   die allgemeine Kostendegression bei Fallzahlsteigerungen.

Ebenso wurde an der Ermöglichung für die regionalen Vertragspartner festgehalten, auf den Orientierungswert einen Zuschlag oder Abschlag unter Berücksichtigung „insbesondere regionale(r) Besonderheiten bei der Kosten- und Versorgungsstruktur" bei den jeweils regionalen Punktwerten zu vereinbaren. Im Unterschied zum GKV-WSG ist der Bewertungsausschuss jetzt jedoch nicht mehr verpflichtet, Indikatoren für diese regionalen Besonderheiten in der Kosten- und Versorgungsstruktur festzulegen, an die sich die regionalen Vertragspartner zu orientieren haben.

Stattdessen wurde für den Bewertungsausschuss die Verpflichtung geschaffen, Kriterien zur Verbesserung der Versorgung der Versicherten insbesondere in Planungsbereichen festzulegen, in denen Unterversorgung festgestellt wurde oder eine solche droht. Nach diesen Kriterien können die regionalen Vertragspartner nunmehr Zuschläge auf den Orientierungswert für besonders förderungswürdige Leistungen sowie für Leistungen von besonders zu fördernden Leistungserbringern vereinbaren. Damit sollen insbesondere Anreize für potenziell niederlassungswillige Vertragsärzte verbunden sein.

Im Ergebnis können die Partner der Gesamtverträge somit in erheblich weiterem Umfang von dem bundeseinheitlichen Orientierungswert abweichen.

*b)    Anpassung des morbiditätsbedingten Behandlungsbedarfs*

Als Ersatz für die Anbindung der Entwicklung der Gesamtvergütungen an die Grundlohnsumme wurde im GKV-WSG der „morbiditätsbedingte Behandlungsbedarf" als Parameter für die vertragsärztliche Vergütungs-entwicklung eingeführt. Danach sollen sich im Ergebnis die von den Krankenkassen zu entrichtenden Gesamtvergütungen ändern, soweit sich der krankheitsbedingte Behandlungsbedarf („Morbidität") der Versicherten ändert.

Auch diese Ausrichtung bleibt im Grundsatz bestehen. Das GKV-VStG nimmt lediglich Präzisierungen vor und schafft für die regionalen Verhandlungspartner verstärkte Möglichkeiten, den Behandlungsbedarf zu ermitteln und KV-spezifisch morbiditätsorientiert weiterzuentwickeln.

Hierzu wird zunächst für jede Krankenkasse für ihre Versicherten in der KV ein sogenannter KV-spezifischer und kassenspezifischer „Aufsatzwert für den Behandlungsbedarf" errechnet. Dies geschieht in vier Schritten:

a)    Ermittlung des vereinbarten, bereinigten (Selektivverträge!) Behandlungsbedarfs für das Vorjahr (nicht der tatsächlichen Menge)

b)    Ermittlung der tatsächlich abgerechneten Leistungen (tatsächliche Menge)

c)    Ermittlung des prozentualen Anteils jeder Krankenkasse an der tatsächlichen Menge der abgerechneten Leistungen

d) Beziehung des prozentualen Anteils der tatsächlichen Menge jeder Kasse auf den vereinbarten, bereinigten Behandlungsbedarf (1. Schritt) durch Vervielfältigung dieses Prozentsatzes mit dem Behandlungsbedarf über alle Kassen.

Für dieses Verfahren – sowie für das Bereinigungsverfahren – hat der Bewertungsausschuss Vorgaben zu machen.

Der hiernach ermittelte Aufsatzwert ist nunmehr in jedem KV-Bezirk nach neu gefassten Kriterien anzupassen:

a) Zahl der Versicherten der einzelnen Krankenkasse im KV-Bezirk
b) Veränderung der Morbiditätsstruktur aller Versicherten aller Krankenkassen im KV-Bezirk (jetzt: Festlegung der Messung der Morbiditätsstruktur auf Ebene der KV)
c) Veränderungen von Art und Umfang der ärztlichen Leistungen, die auf gesetzliche oder untergesetzliche Änderungen des Leistungsumfangs zurückzuführen sind (jetzt: Empfehlungen des BA, früher: obligatorische Verfahrensvorgabe)
d) Veränderungen im Umfang der vertragsärztlichen Leistungen aufgrund von Verlagerungen von Leistungen zwischen dem stationären und dem ambulanten Sektor (jetzt: Empfehlungen des BA, früher: obligatorische Verfahrensvorgabe)
e) Veränderungen im Umfang der vertragsärztlichen Leistungen auf Grund der Ausschöpfung von Wirtschaftlichkeitsreserven (jetzt: Empfehlungen des BA, früher: obligatorische Verfahrensvorgabe)

Dabei ist das Kriterium der Veränderung der Morbiditätsstruktur auf der Grundlage der vertragsärztlichen Behandlungsdiagnosen sowie auf der Grundlage demographischer Kriterien, also nach Alter und Geschlecht, zu bestimmen. Hierzu muss der Bewertungsausschuss nur noch Empfehlungen zur Vereinbarung der Messung der Veränderung der Morbiditätsstruktur geben, von denen die Partner der Gesamtverträge abweichen können. Früher hatte er ein zwingend zu berücksichtigendes Verfahren hierfür zu bestimmen.

Dies bedeutet nunmehr, dass der Bewertungsausschuss den regionalen Vertragspartnern die regionalen Veränderungsraten zu den Behandlungs-diagnosen und zu den demographischen Kriterien Alter und Geschlecht als

Empfehlungen mitteilt. Von den Partnern der Gesamtverträge ist die Gesamtveränderungsrate als gewichtete Zusammenfassung der beiden vorgenannten Veränderungsraten zu vereinbaren.

Für die Anpassung des Behandlungsbedarfs im Falle nicht vorhersehbaren morbiditätsbedingten Behandlungsbedarfs hatte der Bewertungsausschuss nach der ursprünglichen Konzeption ein zwingend zu berücksichtigendes Messverfahren mit obligatorisch zu berücksichtigenden Kriterien zu beschließen. Auch hier wurden die regionalen Kompetenzen deutlich erweitert. Die regionalen Vertragspartner müssen nur noch dahingehende Empfehlungen des Bewertungsausschusses berücksichtigen und können zudem auch eigene Kriterien für den Fall zusätzlicher Zahlungen der Krankenkassen bei nicht vorhersehbarem Anstieg des morbiditätsbedingten Behandlungsbedarfs entwickeln.

2.  Die neue Honorarverteilung auf KV-Ebene

Historisch war die KV immer autonom in der Verteilung der seitens der Krankenkassen entrichteten Gesamtvergütung an die Vertragsärzte gewesen. Erst mit dem GKV-Gesundheitsmodernisierungsgesetz (GMG) von 2003 wurden die gesetzlichen Vorgaben präzisiert und zudem eine einvernehmliche Beschlussfassung über den regionalen Honorarverteilungsmaßstab zwischen KV und Landesverbänden der Krankenkassen eingeführt. Ein Trend zur Zentralisierung wurde schon im GMG realisiert, indem dem Bewertungsausschuss aufgegeben wurde, das grundsätzliche Verfahren und die Regeln der Honorarverteilung vorzugeben. Im GKV-WSG wurden die Vorgaben für die Honorarverteilung auf KV-Ebene erheblich präzisiert, was die Zentralisierung dieses Bereichs weiter verstärkte.

Das GKV-VStG hat diesen Bereich völlig neu geregelt und geordnet und damit vor allem die Honorarverteilung im Wesentlichen wieder regionalisiert („Re-Regionalisierung"). Gleichzeitig wurde das Erfordernis des „Einvernehmens" mit den Krankenkassen bei der Festlegung des Honorarverteilungsmaßstabs in ein „Benehmen" geändert.

Danach liegt es nunmehr in der Kompetenz der KV, ob sie überhaupt Regelleistungsvolumen (RLV) weiterführt und wenn ja, unter welchen Bedingungen. Denn es wird nur noch vorgegeben, dass der Honorarverteilungsmaßstab der KVen Regeln vorzusehen hat, die verhindern, dass Ärzte ihre Tätigkeit innerhalb des Versorgungsauftrags übermäßig ausweiten. Zudem soll den Ärzten eine Kalkulationssicherheit hinsichtlich der zu erwartenden Honorarhöhe ermöglicht werden. Die bisherigen detaillierten Regelungen zur Bildung von RLV, deren „Abstaffelung" bei Überschreitung und Ausnahmen davon, sind ersatzlos entfallen

Allerdings wird der Kassenärztlichen Bundesvereinigung (KBV) in § 87b Abs. 4 SGB V nunmehr aufgetragen, Vorgaben zu den vorgenannten Kriterien, also zur Mengensteuerung zu machen. Zudem soll die KBV Vorgaben für die Trennung und die getrennte Weiterentwicklung des hausärztlichen und des fachärztlichen Vergütungsvolumens, für die angemessene Vergütung psychotherapeutischer Leistungen sowie für die Förderung von Kooperations-formen („Kooperationszuschläge") und Praxisnetzen zu erarbeiten. Diese Vorgaben sind für die KVen verbindlich.

Für die KV bedeutet dies zunächst einmal, dass eine Entscheidung getroffen werden muss, ob die RLV-Systematik überhaupt weitergeführt werden soll. Denn diese stellt tatsächlich nur eine von mehreren Optionen dar, um den vorgenannten gesetzlichen Anforderungen der Verhinderung der übermäßigen Ausweitung der ärztlichen Tätigkeit und der Gewährleistung von Kalkulationssicherheit Genüge zu tun. Eine weitere denkbare Option wäre statt der RLV die Schaffung von Individualbudgets, bei denen die Mengensteuerung durch eine Abstaffelung nach Punktzahlvolumen erfolgt, anstatt nach Fallzahlen, wie bei den bestehenden RLV. Aber auch eine Abstaffelung nach definierten Behandlungszeitvolumen bzw. –kontingenten wäre denkbar. Jedenfalls ist von der KV auch für eine solche Entscheidung nur das Benehmen mit den Krankenkassen auf Landesebene herzustellen.

Die KBV hat am 15. Dezember 2011 folgende Vorgaben beschlossen zur:

a)  *Verhinderung einer übermäßigen Ausdehnung vertragsärztlicher Tätigkeit („Mengensteuerung")*

Die Vorgaben der KBV zur Verhinderung einer übermäßigen vertragsärztlichen Tätigkeit geben den KVen einen erheblichen Spielraum zur Ausgestaltung der Mengensteuerung. Danach sind die KVen grundsätzlich frei, ihre Systematik der Mengensteuerung auszugestalten.

Denn die KBV gibt den KVen lediglich in Wiederholung des Gesetzestextes vor, dass deren Honorarverteilungsmaßstab (HVM) Regelungen zur Verhinderung einer übermäßigen Ausdehnung der ärztlichen Tätigkeit sowie zur Gewährleistung der Kalkulationssicherheit hinsichtlich der Honorarhöhe vorzusehen hat. Allerdings müssen im HVM der KVen die nachfolgenden Mindestbedingungen erfüllt sein.

b) *Festlegung und Anpassung von Vergütungsvolumen für die hausärztliche und fachärztliche Versorgung („Trennung")*

Der HVM der KV muss auf den „getrennten" Vergütungsvolumen für die hausärztliche und die fachärztliche Versorgung aufsetzen. Für das Verfahren der Ermittlung des haus- und fachärztlichen Vergütungsvolumens wird die bisherige seit dem 1. Juli 2010 geltende Verfahrensweise fortgesetzt und im Übrigen geringfügig ergänzt. Die Ergänzungen beziehen sich einerseits auf die anteilige Bereinigung der MGV von Leistungen der Diagnostik und Sanierung bei Trägern von MRSA aufgrund des Infektionsschutzgesetzes sowie andererseits auf die Berücksichtigung der Entwicklung der Versichertenzahlen bei der Bemessung der Vorwegabzüge im Rahmen der MGV. Für diese „Trennung" bestehen damit präzise Vorgaben der KBV, die für die KVen verbindlich sind.

c) *angemessenen Vergütung psychotherapeutischer Leistungen (nur „Richtlinienpsychotherapie")*

Der HVM der KV muss die bisher geltenden Regeln zur Berechnung der antrags- und genehmigungspflichtigen psychotherapeutischen Vergütung („Richtlinienpsychotherapie") beachten. Daher ändert sich auch in diesem Punkt nur wenig. Lediglich ist durch eine „Kann-Regelung" die Einbeziehung auch der **nicht** antrags- und genehmigungspflichtigen Leistungen der psychologischen und ärztlichen Psychotherapeuten erfolgt. Damit soll den KVen freigestellt werden, in ihren HVM auch diese Leistungen einer Berechnung zur angemessenen Höhe zuzuführen. Da sich die Rechtsprechung des Bundessozialgerichts zur angemessenen Höhe der Vergütung bisher nur auf die antrags- und genehmigungspflichtigen Leistungen bezog, sind hier keine verpflichtenden Vorgaben nötig, sondern können den KVen einen gewissen Freiraum geben.

*d) Berücksichtigung kooperativer Behandlung von Patienten in dafür gebildeten Versorgungsformen („Kooperationszuschläge ")*

Der HVM muss Regelungen zur Berücksichtigung kooperativer Behandlung von Patienten in dafür gebildeten Versorgungsformen („Kooperationszuschläge") enthalten. Allerdings wird den KVen hierbei maximale Freiheit eingeräumt. Zunächst soll die KV prüfen, ob Tatbestände für eine angemessene Berücksichtigung der kooperativen Behandlung vorliegen. Soweit solche Tatbestände identifiziert werden, hat die KV die Wahl. Sie kann in ihrem HVM entweder die bisherige Zuschlagsregelung in Teilen oder abgewandelt bestimmen oder eine völlig andere Regelung hierfür treffen.

Soweit die KV jedoch keinen HVM festlegen sollte, der den vorgenannten Vorgaben entspricht, gilt für diese KV die bisherige Systematik der RLV weiter, die lediglich an geltende Regelungen, wie insbesondere die neuen Kooperationszuschläge, angepasst wird.

Die vorstehend genannten Beschlüsse gelten nach der Inkrafttretensreglung des GKV-Versorgungsstrukturgesetzes rückwirkend mit Wirkung zum 23. September 2011. An diesem Tag fand die 1. Lesung im Deutschen Bundestag statt. Die Geltung dieser Vorgaben ist auf den 31. Dezember 2012 begrenzt.

3. Weiterentwicklung des Einheitlichen Bewertungsmaßstabes (EBM)

Die KBV sowie der GKV-Spitzenverband sind als Partner des Bewertungsausschusses schon immer gehalten, den EBM entsprechend der neuen Entwicklungen anzupassen sowie die Differenzierung der Gebühren-ordnungspositionen etwa in Einzelleistungen, Komplexpauschalen oder Behandlungsfallpauschalen zu überprüfen.

*a) Telemedizinische Leistungen*

Mit dem GKV-VStG wird der Bewertungsausschuss aktuell verpflichtet, bis spätestens zum 31.10.12 zu überprüfen, inwieweit telemedizinische Leistungen erbracht werden können. Soweit dies der Fall sein sollte, muss der EBM bis 31.03.13 angepasst werden. Für hausärztlich erbrachte telemedizinische Leistungen sind diese als Einzelleistungen oder im Rahmen von Leistungskomplexen zu vergüten. Für fachärztlich erbrachte telemedizinische Leistungen müssen diese zukünftig mit der telemedizinischen Erbringung begründet werden.

Für telemedizinische Leistungen wird der Bewertungsausschuss zukünftig abschließend im Einzelnen zu entscheiden haben, ob sie etwa als völlig neue Leistungen extrabudgetär vergütet werden oder als bisherige Leistungen lediglich telemedizinisch erbracht, also nur substituiert werden. Im letzten Fall werden sie im Rahmen der MGV vergütet werden.

*b) Rückführung des Pauschalisierungsgrades im EBM*

Die bisherige weitgehende Pauschalisierung der EBM-Leistungen in Form von Versichertenpauschalen im hausärztlichen Bereich sowie in Form von Grund- und Zusatzpauschalen im fachärztlichen Bereich soll zurückgeführt werden.

Hierzu wird die bisherige Verpflichtung der Abbildung hausärztlicher Leistungen in Versichertenpauschalen durch das GKV-VStG in eine „Soll"-Regelung geändert. Die bisherige „Kann"-Regelung zur Abbildung hausärztlicher Leistungen in Einzelleistungen oder Leistungskomplexe wird in eine Verpflichtung geändert und wird allerdings mit dem Erfordernis der besonderen Förderungswürdigkeit oder der telemedizinischen Erbringung verbunden.

Entsprechend wird für die fachärztliche Vergütung die verpflichtende Abbildung der Leistung in Grund- und Zusatzpauschalen in eine „Soll"-Regelung geändert.

Zudem wird nunmehr für die hausärztlichen Versichertenpauschalen sowie für fachärztlichen Grund- und Zusatzpauschalen vorgesehen, dass diese nur noch Leistungen abbilden sollen, die entweder regelmäßig oder sehr selten und zugleich mit geringem Aufwand erbracht werden. Bislang waren diese Pauschalen eher zur Abrechnung von Leistungen ausgestaltet, die im Quartal üblicherweise bezogen auf den jeweiligen Versorgungsbereich erbracht wurden.

Schließlich wird im hausärztlichen Bereich die bisherige Differenzierung der Versichertenpauschalen nach Alter und Geschlecht dahingehend ersetzt, dass zwischen erstmalig in der Praxis diagnostizierten und behandelten Patienten und solchen Patienten unterschieden werden soll, bei denen eine Behandlung fortgeführt wird. Diese Differenzierung der Höhe der Pauschale nach soll dem Umstand Rechnung tragen, dass der Aufwand bei neu diagnostizierten und behandelten Patienten höher ist, als bei Patienten, die sich schon länger in Behandlung dieser Praxis befinden. Aber auch eine Differenzierung nach dem Schweregrad der Erkrankung soll zukünftig erfolgen, um die entsprechenden Unterschiede im Behandlungsaufwand berücksichtigen zu können. Gleiches gilt zukünftig auch für die Grundpauschalen bei den Fachärzten.

# Anforderungen an die Praxis der Zukunft

*Ferdinand M. Gerlach*

Das Gesundheitswesen befindet sich in einem vielschichtigen, tiefgreifenden Wandel, der insbesondere an Hand der demographischen Veränderungen (Stichworte: „weniger, älter, bunter") und einem veränderten Morbiditäts-spektrum (mehr chronische Erkrankungen / Multimorbidität) zum Ausdruck kommt. Zusätzlich sind gesellschaftliche Prozesse (z.B. „Landflucht") wirksam, die auch die Allgemeinmedizin und insbesondere die Tätigkeit in der (haus)ärztlichen Praxis betreffen. Im Rahmen dieses Beitrags werden wichtige Veränderungen und die sich daraus ergebenden Herausforderungen beschrieben und schließlich Anforderungen an die Praxis der Zukunft abgeleitet.

## Der Hausarzt traditionellen Stils

Mit Blick auf die hausärztliche Praxis vollzieht sich seit längerem ein kaum umkehrbarer Wandel, der letztlich vom „Hausarzt traditionellen Stils" zu einem „primärmedizinischen Spezialisten" führt. Abbildung 1 zeigt das typisierende Bild eines Hausarztes traditionellen Stils. Es ist das Bild eines Arztes, der bei Wind und Wetter und unter Inkaufnahme persönlicher Anstrengungen auf dem Weg zu seinen Patienten ist. Dieses Bild erscheint heute zwar immer noch irgendwie vertraut, aber gleichzeitig auch unzeitgemäß.

Für diesen Arzt war es *in seiner Zeit* wichtig und auch völlig selbstverständlich, jederzeit – rund um die Uhr – für seine Patienten da zu sein und ihnen bei allen erdenklichen Gesundheitsproblemen zu helfen. Dieser Hausarzt musste sich auf seine fünf Sinne verlassen. Man kann sich gut vorstellen, wie er mit einfachsten Hilfsmitteln unterwegs war, wie sich in seiner Hausbesuchstasche das Stethoskop und die Geburtszange verschlangen, wie er in einer kleinen Zigarrenkiste die selbst sterilisierten Glas-Spritzen transportierte. Es ist durchaus vorstellbar, dass dieser Hausarzt, als er dort oben, in diesem abgelegenen Haus ankam, eine Hausgeburt durchführen musste.

Abbildung 1: Der Hausarzt „traditionellen Stils"

(Abdruck mit freundlicher Genehmigung der M.L. & S. Werbeagentur, Düsseldorf)

Auch heute werden Hausbesuche in der Regel und in allererster Linie von Allgemeinärzten absolviert. Es gibt wohl auch kaum jemanden, der ernsthaft die Auffassung vertreten würde, dass dies antiquiert wäre – im Gegenteil. Aber dennoch haben sich die Anforderungen an die Allgemeinmedizin und das eigene Selbstverständnis der Allgemeinärzte zum Teil grundlegend gewandelt. Um diesen derzeit stattfindenden bzw. zum Teil bereits vollzogenen Wandel zu verdeutlichen, ist es zunächst sinnvoll, sich einige Attribute dieses Hausarztes traditionellen Stils genauer anzusehen (Tabelle 1).

Tabelle 1:    Allgemeinmedizinische Praxis im Wandel

**traditionell:**

– Hausarzt als lokale Autorität / „dankbare" Patienten

– Mehrgenerationenbetreuung (Großfamilie, erlebte Anamnese)

– Umfassende Zuständigkeit („von der Wiege bis zur Bahre")

– 24-stündige Präsenz

– Isolierte Tätigkeit in der eigenen Einzelpraxis

– Erfahrungsbasiertes Handeln

  (individueller „Transfer klinischer Strategien", Improvisation, Intuition)


**heute:**

  Autonome Patienten / kritische „Konsumenten"

– Zunehmend neue Lebensformen (Singlehaushalte, Patchworkfamilien)

– Arbeitsteilige Versorgung (z.B. Geburtshilfe, Röntgen, Labor)

– Geregelter Notdienst

– Kooperative Tätigkeit (kooperative Praxisformen, integrierte Versorgung)

– Evidenzbasierte Konzepte

  (Ergebnisse aus Praxisforschung, praxiserprobte Leitlinien, Disease Management)

Dieser Hausarzt war in seiner Zeit eine lokale Autorität. Er, der Apotheker, der Pfarrer, der Lehrer waren angesehene Bürger und wurden fraglos in nahezu allen Angelegenheiten des menschlichen Lebens konsultiert. Die Menschen wussten, dass ihr Doktor immer für sie da war, und sie waren *ihrem* Doktor dankbar. Auch über Jahrzehnte und mehrere Generationen einer Großfamilie hinweg hat er die gesundheitliche Entwicklung seiner Patienten verfolgt. Nicht selten hat er Kinder selbst auf die Welt geholt, hat verfolgt, wie sie aufwachsen und irgendwann selbst wieder Kinder bekommen. Er verfügte über eine „erlebte Anamnese" seiner Patienten und wurde mit seinen Patienten gemeinsam alt. Er war häufig der einzige Mediziner am Ort und für alle auftretenden Gesundheitsprobleme, über alle heutigen Fachgebietsgrenzen hinweg in einer umfassenden Weise – von der Wiege bis zur Bahre – zuständig. Das musste zur damaligen Zeit so sein, das war aber auch ein wichtiger Teil seines Selbstverständnisses. Die Konsequenz war u.a., dass er 24stündige Präsenz gewährleisten musste, dass er isoliert in einer Einzelpraxis arbeitete und dadurch oft über Jahrzehnte vom emotionalen und fachlichen Austausch mit Kollegen mehr oder weniger abgeschnitten war. Sein Stolz war die in langjähriger Tätigkeit erworbene Erfahrung. Das in seiner Aus- und Weiterbildung erworbene klinische Wissen musste er mühsam auf die Praxis übertragen. Hier war eine höchst individuelle „Transferleistung klinischer Strategien" erforderlich. Er war gezwungen, die wenigen Inseln des Wissens und der Gewissheit durch Brücken der Improvisation und Intuition zu verbinden.

Diesen traditionellen Attributen des Hausarztes lassen sich die heute dominierenden Merkmale allgemeinmedizinischer Praxis gegenüberstellen:

### Der Hausarzt heute

Hausärzte haben es heute mehr und mehr mit autonomen Patienten bis hin zu aus dem Internet vorinformierten, kritischen „Konsumenten" zu tun. Auch diese brauchen aber einen vertrauenswürdigen medizinischen Berater, der eine breite Fachkompetenz hat und – nach Möglichkeit – die individuelle Persönlichkeit sowie die gesundheitlichen Erfahrungen und Präferenzen des einzelnen Patienten kennt, um angemessen beraten zu können. Die Großfamilie ist zur Ausnahme geworden. Stattdessen existieren zunehmend neue Lebensformen: Single-Haushalte sind in manchen Großstädten bereits zur häufigsten Wohn- und Lebensform geworden. Sogenannte Patchwork-Familien nehmen kontinuierlich zu. Trotzdem sind auch heute noch familiäre und soziale Kontexte von Krankheit und Gesundheit unvermindert von hoher Bedeutung. Familienmedizin unter Einschluss dieser neuen Lebensformen ist daher auch aktuell eine wichtige Aufgabe der Allgemeinmedizin.

Inzwischen hat sich der Hausarzt im Rahmen einer starken Differenzierung der verschiedenen Fachgebiete innerhalb einer arbeitsteiligen Versorgungslandschaft etabliert. Hausärzte haben heute in der Regel nicht mehr den Anspruch und die Möglichkeit, selbst Geburtshilfe zu betreiben, selbst zu röntgen oder selbst alle Laborwerte zu bestimmen. Sie sehen allerdings andererseits auch das Problem der zunehmenden Fragmentierung der Versorgung. Es gibt heute einen geregelten Notdienst. Allgemeinärzte nutzen vermehrt kooperative Tätigkeitsformen wie Gemeinschaftspraxen / Berufsausübungsgemeinschaften oder Praxisnetze bis hin zu neuen, integrierten Versorgungskonzepten. Infolge breit verfügbarer neuer Informationstechnologien besteht heute die Möglichkeit, systematischer und vor allem schneller auf evidenzbasierte Konzepte zurückzugreifen. Hier deutet sich ein echter Paradigmenwechsel an. So wird zunehmend der Bedarf für eine Forschung aus der Praxis für die Praxis gesehen. Damit werden auch speziell auf die ambulante Versorgung zugeschnittene Leitlinien oder Disease Management-Konzepte möglich, die auf im hausärztlichen Setting gewonnener wissenschaftlicher Evidenz beruhen und die Lösungen für diesen speziellen Versorgungsbereich versprechen.

Wie Tabelle 2 zeigt, wird auch mit Blick auf Patienten und ihre Familien ein tiefgreifender gesellschaftlicher Wandel deutlich.

Tabelle 2:    Patienten und ihre Familien: früher und heute

- Familiärer Zusammenhalt ➔ Vereinsamung
- Sozialer Zusammenhalt ➔ Soziale Ungleichheit / Alleinerziehung als Armutsrisiko
- Soziale Kontrolle ➔ Individuelle Befreiung
- Pflege in der Familie ➔ Professionelle Pflege
- …

Während zu Zeiten vorherrschender Großfamilien familiärer und sozialer Zusammenhalt selbstverständlich war, leben heute zunehmend mehr Menschen vereinsamt und von sozialer Ungleichheit betroffen. Besonders deutlich wird dies am Beispiel des engen Zusammenhangs von Alleinerziehung und dadurch erhöhtem Armutsrisiko. Da ein fester Zusammenhalt (etwa im dörflichen Bereich) auch mit einer starken sozialen Kontrolle einherging, gehen heutige Lebensformen und -optionen andererseits nicht selten mit einer individuellen

Befreiung einher, in der eigene politische, religiöse oder sexuelle Präferenzen ungezwungener realisiert werden können. Eine wichtige Veränderung betrifft in diesem Zusammenhang die Betreuung Pflegebedürftiger. Wurde diese früher in sehr viel stärkerem Maße innerhalb der Familie geleistet, wird zur Betreuung der Eltern heute – wo Kinder infolge erhöhter Mobilitätsanforderungen häufig an weiter entfernten Orten leben – zunehmend professionelle Pflege in Anspruch genommen. Die geschilderten (und weitere, hier nicht ausgeführte) Veränderungen betreffen jedoch nicht nur Patienten und ihre Familien. Vergessen wird zumeist, dass auch Hausärzte/innen und ihre Familien einem Wandel unterliegen (Tabelle 3).

Tabelle 3: Hausärzte/innen und ihre Familien: früher und heute

- Hausarzt ➜ Hausärztin
- Mitarbeitende Arztehefrau ➜ Akademischer Partner
- Kinderbetreuung „Nebensache" ➜ Familie und Beruf im Einklang
- Örtliche Bindung ➜ Flexibilität: Wunsch und Bedarf
- Verwurzelung / langdauernde Verpflichtungen ➜ Vermeidung von Risiken, Schulden, Regressen
- Selbständig ➜ Eher angestellt / in Teilzeit
- Auch ländlich ➜ Möglichst urban
- Einzelpraxis ➜ Eher in Kooperationen tätig
- Profession: ausreichend Nachwuchs / Verjüngung ➜ Schrumpfung / Alterung

Der Hausarzt der Zukunft ist eine Haus*ärztin*. Aktuell sind – mit steigender Tendenz – bereits etwa 64% aller Medizinstudierenden im ersten Semester weiblich. Da das Fachgebiet Allgemeinmedizin (u. a. wegen der besseren Vereinbarkeit von Familie und Beruf) für Ärztinnen vergleichsweise attraktiv ist, dürfte auch der Anteil der praktizierenden Hausärztinnen sukzessive auf mindestens 2/3 ansteigen. Während bisher traditionell viele Ehefrauen niedergelassener Hausärzte in der Praxis ihres Ehemannes mitarbeiten und diese sich sogar in einem eigenen Verband organisieren („Verband in der Praxis mitarbeitender Arztfrauen")[1], wird die Hausärztin der Zukunft eher einen Partner haben, der selbst Akademiker ist und infolge beruflicher Erfordernisse (Flexibilität, Mobilität etc.) dezidierte Ansprüche an den Wohnort

---

[1] Vgl.: http://www.arztfrauen.de/ (acc.: 04.01.2012)

(verkehrsgünstig) und die Lebensgestaltung (Freizeitmöglichkeiten, Schulen, Kindergärten etc.) stellt. Ältere Hausärzte berichten nicht selten, dass sie durch ihre Praxistätigkeit jahrzehntelang so stark eingebunden waren, dass Kinderbetreuung eine „Nebensache" bzw. angestammte Aufgabe des Partners war und sie ihre Kinder insofern kaum haben aufwachsen sehen. Junge Ärztinnen und Ärzte erwarten heute hingegen in weit stärkerem Maße berufliche Regelungen, die eine Vereinbarkeit von Familie und Beruf erlauben. Aufgrund der geschilderten Rahmenbedingungen und persönlichen Bedürfnisse ist heute die Bereitschaft zur langfristigen Bindung an einen Ort (ggf. eine eigene Praxisimmobilie) und das Eingehen langdauernder Verpflichtungen nur noch gering ausgeprägt. Vielmehr wird großer Wert auf räumliche und zeitliche Flexibilität gelegt und (etwa infolge eigener Berufstätigkeit des Partners) auch gefordert. Risiken wie größere Darlehn bei eigener Niederlassung werden auch daher eher gemieden. Insgesamt lässt sich ein starker Trend weg von einer selbstständigen Niederlassung in einer Einzelpraxis insbesondere im ländlichen Raum beobachten. Gesucht werden hingegen eher angestellte (Teilzeit-)Tätigkeiten in kooperativen Praxisformen im unmittelbaren Einzugsbereich von Ballungsgebieten. Im Ergebnis kommt es zu einer generellen, regional unterschiedlich ausgeprägten Alterung und Schrumpfung der hausärztlichen Profession und – falls keine Trendumkehr gelingt – zu einem ernsten Nachwuchsproblem.


## Verteilung der Vertragsärzte

Ein in diesem Zusammenhang wichtiges, in Deutschland besonders ausgeprägtes Problem stellt die doppelte (nach Fachgebieten und Regionen) Fehlverteilung im vertragsärztlichen Bereich dar. Im Zeitraum von 1993 bis 2009 stieg die Zahl niedergelassener Fachärzte von 42.181 auf 63.497, d. h. um 50,5 %, an, während die Zahl der Hausärzte im gleichen Zeitraum von 62.375 auf 57.631, d.h. um 7,6%, abnahm.[2] Eine zunehmende Zahl, insbesondere kliniknah spezialisierter tätiger Fachärzte steht damit einer weiter schrumpfenden Zahl von Hausärzten gegenüber, die in der Grundversorgung der Bevölkerung dringend benötigt werden. Dieses auch angesichts eines

---

[2] Kopetsch T. Studie zur Altersstruktur- und Arztzahlentwicklung, 5. Auflage, Bundesärztekammer und Kassenärztliche Bundesvereinigung, Berlin, 2010: 50

ausdifferenzierten stationären Angebots international einzigartige Verhältnis gerät – ebenfalls mit steigender Tendenz – durch eine zweite Fehlverteilung in weitere Dysbalance: Während die Arztzahlen in den wohlhabenderen Bereichen urbaner Ballungsgebiete weiter steigen, sinkt die Zahl (insbesondere von Hausärzten) im ländlichen Raum und in ärmeren Großstadtbezirken.

**Kriterien guter hausärztlicher Versorgung**

Da eine qualitativ hochwertige Primärversorgung in internationalen Modellen und auch im „Zukunftskonzept" des Sachverständigenrats zur Begutachtung der Entwicklung im Gesundheitswesen (Sondergutachten, SGA 2009[3]) das unverzichtbare Fundament gesundheitlicher Versorgung bildet, ist die Frage relevant, welche Kriterien eine gute Primärversorgung auszeichnen. Die internationale wissenschaftliche Literatur nennt hier konform mit den durch Barbara Starfield empirisch fundierten Kriterien, später erweitert durch Prinzipien des „Patient-Centered Medical Home", weitgehend übereinstimmend folgende Merkmale:

Tabelle 4: Zielkriterien guter hausärztlicher Versorgung (nach Starfield 2005 und Patient-Centered Primary Care Collaborative 2007)

| |
|---|
| ▪ Langfristige Arzt-Patienten-Beziehung (*continuity*)<br>▪ Leichte Zugänglichkeit für den Erstkontakt zum Gesundheitssystem für alle Bevölkerungsgruppen (*access, first-contact care, equity*)<br>▪ Umfassende Behandlung der meisten gesundheitlichen Probleme (*comprehensiveness*)<br>▪ Koordination der Behandlung über alle Versorgungsebenen hinweg (*coordination*)<br>▪ Erweitert: patientenorientierte Versorgung, Qualität und Sicherheit, erweiterte IT-Nutzung |

---

[3] Sachverständigenrat zur Begutachtung der Entwicklung im Gesundheitswesen. Sondergutachten 2009. Koordination und Integration – Gesundheitsversorgung in einer Gesellschaft des längeren Lebens (www.svr-gesundheit.de), acc.: 04.01.2012

**Zukunftskonzept des Sachverständigenrats: Von der sektoralen zur populationsorientierten Versorgung**

Die nachfolgende Abbildung 2 zeigt das vom Rat vorgeschlagene Zukunftskonzept auf einen Blick (SGA 2009, Ziffer 1179).

Abbildung 2:  Zukunftskonzept: von der sektoralen zur populationsorientierten Versorgung

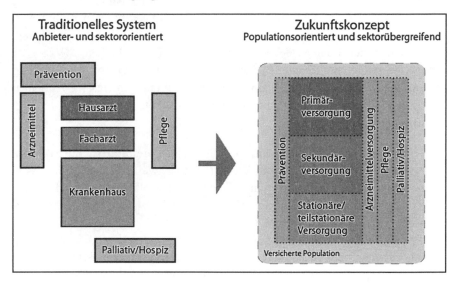

Das bisherige System (links) ist traditionell stark anbieter- und sektororientiert. Die Sektoren stehen weitgehend unverbunden und oftmals in unmittelbarer Konkurrenz nebeneinander. Insbesondere für niedergelassene Fachärzte und Kliniken gelten unterschiedliche Regeln (u. a. zur Dokumentation, Vergütung / Budgetierung / Investitionsfinanzierung, Genehmigung neuer Behandlungsmethoden). „Teure" Patienten werden nicht selten in den jeweils anderen Sektor verschoben. Ähnliches gilt auch für die Arzneimittelversorgung, die Pflege, Palliativmedizin / Hospizversorgung oder für präventive Leistungen, für die jeweils sehr unterschiedliche Rahmenbedingungen gelten.

Das vom Rat vorgeschlagene Zukunftskonzept zielt auf eine populationsorientierte und sektorübergreifend koordinierte Versorgung. Voraussetzung ist ein Zusammenschluss von Akteuren verschiedener Versorgungsstufen, die bereit sind, gemeinsam Verantwortung für eine definierte Population von Versicherten zu übernehmen. In der Zusammenschau ergibt sich eine Vergrößerung des Aufgabenbereichs der Primärversorgung, der sowohl die Grundversorgung als auch die versorgungsstufenübergreifende Koordination beinhaltet, sowie des Bereichs der sekundären fachärztlichen Versorgung. Kliniken konzentrieren sich entsprechend ihrer Versorgungsstufe auf die stationäre Akutbehandlung und die Behandlung von Exazerbationen chronischer Erkrankungen. Sie übernehmen darüber hinaus zusammen mit dem ambulanten Part des sekundär-fachärztlichen Bereichs die ambulante Sekundärversorgung. Diese kann in den Räumen des Krankenhauses, in Praxiskliniken, MVZs oder anderen Strukturen stattfinden. Pflege, Prävention und Arzneimittelversorgung sind ebenso wie die Palliativmedizin / Hospizversorgung gemeinsame Aufgaben aller Versorgungsstufen. Die Eckpunkte des Konzepts lassen sich wie folgt zusammenfassen:

- Fundament des Zukunftskonzepts ist eine **qualitativ hochwertige Primärversorgung**, die im Wesentlichen zwei Aufgaben hat: die umfassende Grundversorgung der Bevölkerung und die versorgungsstufenübergreifende Koordination der gesamten gesundheitlichen Versorgung aus einer Hand.
- Eine **definierte Population** auf der Basis einer freiwilligen Einschreibung von Versicherten in bestimmte Versorgungsmodelle ist Grundvoraussetzung für alle populationsbezogenen Ansätze. Die auf diese Weise übernommene Verantwortung für eine konkrete Population impliziert gleichzeitig, dass möglichst viele Entscheidungen vor Ort bzw. in der konkreten Region getroffen werden.
- **Patientenzentrierte Versorgung** mit Ausrichtung an den Bedürfnissen bzw. dem konkret ermittelten Bedarf individueller, insbesondere chronisch Kranker.
- Umfassende, horizontal (zwischen verschiedenen Fachgruppen / Disziplinen) und vertikal (sektorübergreifend) **koordinierte gesundheitliche Versorgung aus einer Hand.**
- **Kontinuierliche Versorgung**, die Informationsverluste und diskontinuierliche Betreuung, vor allem bei chronisch Kranken, vermeidet.

- **Gute Zugänglichkeit / Zugangsgerechtigkeit**, welche durch eine niedrigschwellige Erreichbarkeit je nach objektivem Bedarf und subjektiven Bedürfnissen für alle Bevölkerungsgruppen sichergestellt wird.
- Voraussetzung für das Funktionieren des vorgeschlagenen Zukunftskonzepts ist die **Weiterentwicklung der Vergütungs- bzw. Honorierungssysteme**, wobei international weitgehend übereinstimmend ein „payment mix" aus einer umfassenden, prospektiven, risiko-adjustierten und kontakt-unabhängigen Capitation kombiniert mit qualitätsbezogenen Anreizen empfohlen wird.
- Empfohlen werden darüber hinaus die **Erprobung und Evaluation wohnortnaher Primärversorgungspraxen** (PVP) unter den besonderen Bedingungen des deutschen Gesundheitssystems.
- Die Umsetzung sollte regelhaft eine **regionale bzw. lokale Adaptation** umfassen, die eine Anpassung an existierende Versorgungsstrukturen und lokale Erfordernisse bzw. Präferenzen erlaubt.

## Umsetzung des Zukunftskonzepts am Beispiel von Primärversorgungspraxen (PVP)

Das im Folgenden beschriebene Konzept wohnortnaher Primärversorgungspraxen (PVP) stellt den Versuch dar, die zuvor skizzierten Vorstellungen in einem konkreten Konzept für eine zukunftsorientierte Grundversorgung der Bevölkerung in Deutschland zu kondensieren (SGA 2009, Ziffer 1152ff).

Eine PVP ist eine „entwickelte Organisation", die gemeinsam festgelegte Ziele anstrebt, eine klare interne Aufgaben- und Arbeitsteilung hat, interne Qualitäts- und Personalentwicklungsstrategien verfolgt und sich selbst als lernende Organisation versteht. Hierfür erscheint ein Zusammenschluss mehrerer (etwa 4 bis 6) Ärzte/innen sowie spezialisierter Medizinischer Fachangestellter (MFAs) bzw. Krankenschwestern zu einer größeren Einheit sinnvoll. Die PVP betreut im Rahmen eines – für Versicherte und Anbieter freiwilligen – Einschreibemodells eine feststehende Population, für deren gesundheitliche Versorgung sie Verantwortung übernimmt. Intern wird ein Teamansatz verfolgt, der Angehörige nichtärztlicher Berufe in diverse Versorgungsaufgaben einbezieht. Teil des Konzepts ist auch eine strukturierte Liaison mit Fachspezialisten aus Klinik oder Praxis, z. B. in Form regelmäßiger

Zweig-Sprechstunden eines HNO-Arztes in den Räumen der PVP. Die hier tätigen Hausärzte müssen neben ihrer Kernaufgabe als Grundversorger ihrer Patienten zusätzlich auch Aufgaben als (sektorübergreifende) Koordinatoren und (interne) Moderatoren mit Letztverantwortung übernehmen. Die Größe der Organisation erlaubt erweiterte Öffnungszeiten (z. B. Abendsprechstunden für Berufstätige, durchgehende Öffnung auch in Urlaubszeiten) sowie flexible Arbeitszeiten für die Beschäftigten, was – wie konkrete Erfahrungen bereits zeigen – die Attraktivität solcher Konzepte für junge Ärzte/innen deutlich erhöht.

Neben dem eigentlichen Arzt-Patient-Kontakt gehört es zu den Aufgaben des PVP- bzw. Praxisteams, die eigene Praxispopulation systematisch und als Ganzes zu betreuen (sog. panel management). Dabei stellen sich zum Beispiel folgende Fragen: Für wen sind wir verantwortlich? Wie viele Diabetiker versorgen wir? Wie können wir dieser Gruppe konkrete Unterstützungsangebote machen? Wie organisieren wir ein zuverlässiges und nachhaltiges, d. h. systematisches (nicht zufälliges) System zur Langzeitbetreuung mit programmierter Wiedereinbestellung zu Kontrollbesuchen und praxisinternen Erinnerungen an anstehende Kontrolluntersuchungen (z. B. Augenhintergrund-untersuchungen) für alle Diabetiker? Ziel ist die Stratifizierung der versorgten Patienten nach individuellem Bedarf und individuellen Bedürfnissen. Die interne Organisation und Ausrichtung der eigenen Angebote muss dazu passen. Die Organisation eines systematischen Impf-Recalls oder die Planung von (präventiven) Hausbesuchen oder Monitoring-Anrufen bei chronisch Kranken kann zu diesen Aufgaben gehören. Der Fokus verschiebt sich auf eine nachhaltige und umfassendere Versorgung einer (möglichst gesunden) Population.

Die individuelle Stratifizierung chronisch Kranker nach ihrem tatsächlichen Betreuungsbedarf erlaubt eine strukturierte und differenzierte Planung der Versorgung sowie eine operative Aufgabenteilung innerhalb des PVP-Teams. Denkbar ist z. B. eine Differenzierung in Akutsprechstunden, Präventions-sprechstunden und Chronikersprechstunden. Insbesondere im Bereich der medizinischen Prävention (u. a. Patientenschulungen, Impfungen) sowie bei der Langzeitbetreuung chronisch Kranker (Monitoring diverser Messwerte) können MFA/Pflegekräfte wichtige Aufgaben übernehmen, die derzeit zumeist noch Hausärzte durchführen. Im Bereich der Dokumentation, beim Ausfüllen von

Formularen, der Mitteilung von Normalwerten (auch per Telefon oder E-Mail) sowie bei kleineren Problemen (Verbandswechsel, Beratung zum alltäglichen Umgang mit chronischen Erkrankungen) können erfahrene, speziell auf ihre neuen Aufgaben vorbereitete MFA und Pflegekräfte Aufgaben übernehmen, die nicht zwingend eine ärztliche Approbation voraussetzen.

Eine der wichtigsten Herausforderungen für größere Organisationen stellt die Kontinuität der Arzt-Patient-Beziehung dar. Eine Studie in 284 Hausarztpraxen in zehn europäischen Ländern (darunter Deutschland) ergab, dass Patienten sich in kleineren Praxen signifikant besser betreut fühlen als in größeren Praxen mit mehreren Ansprechpartnern bzw. Mitarbeitern.[4] Die hier skizzierte Primärversorgungspraxis muss daher versuchen, das bisher vielfach sehr persönliche Vertrauen von Patienten zu einem individuellen Hausarzt auf ein Team zu übertragen. Aus diesem Grund, aber auch aus anderen Erwägungen heraus (Erhalt persönlicher Verantwortlichkeit), könnten hier Kleinteams (sog „teamlets"), bestehend aus je einem Hausarzt und einem (oder zwei) MFA bzw. Pflegekräften, zum Einsatz kommen.[5] Es spricht einiges dafür und sollte gezielt erprobt werden, dass Patienten eine solche Kleinteamlösung innerhalb einer größeren PVP akzeptieren und auch zu diesem die von ihnen gewünschte (und oftmals benötigte) feste Beziehung und Bindung aufbauen. Auch heute sehen bereits viele Patienten Arzthelferinnen bzw. MFA hausärztlicher Praxen als „verlängerten Arm" ihres Hausarztes sowie als wichtige Vertrauenspersonen.

Das Modell als Ganzes stößt derzeit noch auf verschiedene Widerstände bei Hausärzten. Auf der einen Seite werden die Schwierigkeiten betont, Modellelemente in der eigenen Alltagspraxis entwickeln zu können. Betrachtet man z.B. die weitgehende Unzulänglichkeit der installierten Praxissoftwaresysteme für die hier beschriebenen Zwecke oder den hohen Arbeitsdruck gerade in Praxen, die in heute schon unterversorgten Gebieten arbeiten, sind diese Einwände verständlich. Auf der anderen Seite wird häufig eingewandt, dass dieses Modell der gewohnten hausärztlichen Autonomie widerspräche und eigentlich doch nur ein Einfallstor für Fremdbestimmung sei, die eigenen Patienten ganz anders dächten, bzw. es von der eigenen Lebensplanung abweiche. In beiden Fällen muss jedoch darauf hingewiesen werden, dass die beschriebenen und im Modell berücksichtigten Zukunftstendenzen kaum

[4] Wensing, M., Hermsen, J., Grol, R., Szecsenyi, J. Patient evaluations of accessibility and co-ordination in general practice in Europe. Health Expectations 2008, 11: 384-390
[5] Bodenheimer, T., Laing, B.Y. The teamlet model of primary care. Ann Fam Med 2007; 5: 457-461

abwendbar sind und sich noch während der Berufstätigkeit aktuell tätiger Hausärzte manifestieren werden.

Gleichzeitig gibt es in Deutschland bereits eine ganze Reihe ermutigender Modellprojekte, die in die skizzierte Richtung gehen. Dies beginnt z.B. bei den Hausarztpraxen, die mit dem Berliner Gesundheitspreis 2004[6] für hervorragendes internes Management ausgezeichnet wurden, über Modellprojekte neuer Niederlassungs- und Versorgungsformen wie z.B. SCHAAZ[7] bis hin zu Modellen integrierter Vollversorgung wie dem 'Gesunden Kinzigtal' (SGA 2009, Ziffer 885) mit bereits mehreren Nachfolgeprojekten. Einen in der Fläche sehr wichtigen Entwicklungsimpuls stellen auch die Verträge zur hausarztzentrierten Versorgung dar, die in Baden-Württemberg mit der regionalen AOK und in der Folge mit einigen Ersatzkassen auch bundesweit geschlossen wurden. Im Zuge dieser konzeptionellen 'Leuchtturmprojekte'[8] vollziehen sich in deutschen Hausarztpraxen bereits weitere Entwicklungsschritte, wie z.B. die Einführung systematischen Qualitätsmanagements oder die Teilnahme an strukturierten Qualitätszirkelprogrammen zur Pharmakotherapie und Ärztenetzinitiativen.


### Anforderungen an die Praxis der Zukunft

Die hier skizzierte Primärversorgungspraxis ist als Gedankenmodell einer Hausarztpraxis der Zukunft' konzipiert, die

a) überlebensfähig ist und den (auch jüngeren bzw. weiblichen) Mitgliedern des Praxisteams eine attraktive berufliche Perspektive bietet,

b) auf die zukünftigen Versorgungsaufgaben, insbesondere der Versorgung chronisch Kranker / Multimorbider, angemessen vorbereitet ist und

c) eine Antwort auf die umfassenden Anforderungen eines modernen Gesundheitssystems darstellt.

---

[6] Berliner Gesundheitspreis 2004: Hausarztmedizin der Zukunft. http://213.131.251.36/www.aok.de/bundesverband/aok/termine/preis/index_04685.html, (acc.: 04.01.2012)
[7] Erler A, Beyer M, Gerlach FM. Ein Zukunftskonzept für die hausärztliche Versorgung in Deutschland. 2. Das Modell der Primärversorgungspraxis. Z Allg Med 2010; 86: 159-65
[8] Weatherly JN, Seiler R, Meyer-Lutterloh K, Schmid E, Lägel R, Amelung VE. Leuchtturmprojekte Integrierter Versorgung und Medizinischer Versorgungszentren: Innovative Modelle der Praxis. Schriftenreihe des Bundesverbandes Managed Care. 1. Auflage, Berlin 2006.

Die erfolgreiche Umsetzung des vorgeschlagenen PVP-Konzepts ist an verschiedene Voraussetzungen geknüpft. So ist eine gezielte Personalentwicklung für Ärzte notwendig, die durch ihre Aus- und Weiterbildung in der Regel bisher nicht auf Aufgaben wie Moderation, Management oder Organisationsentwicklung vorbereitet sind. MFA benötigen gezielte Qualifikationen in Praxis- und Case Management, wie sie beispielsweise das Curriculum für Versorgungsassistentinnen in der Hausarztpraxis (VERAH) vorsieht. Weitere Voraussetzungen sind eine geeignete räumliche Infrastruktur und IT-Unterstützung (ggf. auch Tele-monitoring), gezielte Qualitätsentwicklungsstrategien sowie die Honorierung[9] von Team-, Präventions-, Koordinations-, Kooperations- und Management-leistungen.

**Fazit**

Zentrale Aspekte der beruflichen Tätigkeitsgestaltung, der modernen Organisation einer Praxis sowie der Anforderungen an eine zukunftsorientierte Primärversorgung müssen und können berücksichtigt werden. Letztlich kommt es darauf an, dass auch der Wandel der familiären und gesellschaftlichen Strukturen in Forschung, Lehre und Praxis nachvollzogen wird. Dabei ist die Reflexion der eigenen Profession, ihrer (familiären) Bedürfnisse, Möglichkeiten und Aufgaben eine Kernaufgabe, der zukünftig weitaus mehr Beachtung als bisher geschenkt werden muss.

Gebot der Stunde ist die Vernetzung und Weiterentwicklung einzelwirtschaftlicher Strukturen. Gelingt die anstehende inhaltliche und strukturelle Weiterentwicklung, werden Hausarzt- bzw. Primärversorgungs-praxen auch zukünftig als Orte der Versorgung im Zentrum stehen.

---

[9] Das bisherige Honorarsystem setzt in der Regel zwingend eine persönliche Leistungserbringung durch einen Arzt voraus. Es gibt bislang nur sehr wenige explizit delegierbare Leistungen (etwa Hausbesuche durch Arzthelferinnen bzw. MFA), die wiederum unzureichend honoriert werden.

# Zukunft der Fachärzte

*Thomas Scharmann*

(Es gilt das gesprochene Wort.)

Sehr geehrter Herr Vorsitzender,
meine sehr verehrten Damen und Herren,

gerne entwickle ich Ihnen die zukünftige Situation der niedergelassenen Fachärzte zu – ich werde mir erlauben, bewusst einige Thesen zu zuspitzen und damit auch zu provozieren, um die Diskussion in Gang zu bringen.

In der medizinischen Versorgungslandschaft werden neue, weg- und damit hoffentlich zukunftsweisende Weichenstellungen getroffen. Das kommende Versorgungsstrukturgesetz setzt den entscheidenden Akzent durch den Angriff auf die Sektorschranke stationär-ambulant. Da ist zum einen ein Paradigmenwechsel, eingeleitet über den § 116 b. Das Gesetz erhält einen dezidiert fachärztlichen Anstrich: „Ambulante Spezialfachärztliche Versorgung" wird es – nun hoffentlich und endgültig – heißen. Damit ist aus Sicht der niedergelassenen Fachärzte zweierlei erreicht:

1. Erstmals sind die Fachärzte explizit im Sozialgesetzbuch V namentlich benannt. Schauen Sie selbst: Bislang finden Sie Hausärzte und Ärzte – Fachärzte aber sind selbst im § 73 c nicht wirklich vorgesehen, und das auch nicht im restlichen SGB V. Der Facharzt, der niedergelassene allzumal, findet da nicht statt. Auch wenn täglich hunderttausende Patienten-Facharztkontakte in Deutschland erfolgen, wenn ganz Bevölkerungsgruppen primär fachärztlich versorgt werden – der Gesetzgeber hat den Facharzt schlicht vergessen. Honoit qui mal y pense.

2. Ist der § 116 b derzeit auf hochspezialisierte Leistungen beschränkt, markiert er doch klar, wo künftig die Fortentwicklung der medizinisch-ärztlichen Versorgungsstruktur erfolgen wird – auf der ambulanten fachärztlichen Versorgungsebene im, hoffentlich, Zusammenspiel aus Facharztpraxis und Klinik. Um den größeren Einfluss, den besseren Startplatz wird immer gerungen werden; daran wird sich nichts ändern.

Im Folgenden werde ich die Entwicklungslinien aus Sicht der Facharztpraxis auf drei Ebenen beschreiben:

1. Ebene: Folgen der Entwicklungen innerhalb der Arztberufe als solche.
2. Ebene: Folgen der Entwicklung in den Sektoren ambulant – stationär
3. Ebene: Folgen der soziodemografischen Entwicklung

## 1. Ebene: Folgen aus Entwicklungen innerhalb der Arztberufe

Die eigentliche Diagnosetiefe – oder härter formuliert: Die Diagnosen als solche – werden auf der fachärztlichen Ebene erreicht. Der Facharzt liefert die Diagnosen, ganz besonders im Zeitalter der ICD-Kordierung. Dies bedeutet, dass sehr viele der wirklich kranken Patienten – auch unselektiert! – notwendigerweise über kurz oder lang beim Facharzt ankommen. Es sei denn, die Hausärzte überweisen direkt ins Krankenhaus, was teuer und unnötig ist.

Der Trend geht bereits heute weg vom Hausarzt hin zum Facharzt. Denn der Generalist wird in der Grundversorgung durch „Schwester Agnes" ersetzt.

Die Akademisierung – und vielleicht sogar deren Verkammerung – der nichtärztlichen medizinischen Hilfsberufe trifft aus unserer Sicht vor allem die Hausärzte, werden doch so „Handgriffe" der Grundversorgung abdelegiert. Die spezialisierte Medizin ist nicht delegierbar, und wenn, dann nur in Teilen. Und: Einige Facharztgruppen bilden bereits heute ihre Arzthelferinnen zu hochspezialisierten Arbeitskräften aus (Beispiel Pneumologen), die innerhalb der spezialisierten Medizin zuarbeiten, ohne den Facharzt ersetzen zu können oder zu wollen. So werden die knappen fachärztlichen Kapazitäten entlastet.

Die Vernetzung der Fachärzte in der Grundversorgung und der fachärztlichen Spezialisten innerhalb einer Facharztgruppe und der Facharztgruppen unter-einander verbessert sich fortlaufend. Und das auch auf politischer Ebene.

Ein Beispiel: der Zusammenschluss der fachärztlichen Organfächer in der Potsdamer Runde. 16 fachärztliche Berufsverbände arbeiten hier politisch-strategisch zusammen. Es kommt damit nicht nur zu einer engeren Zusammenarbeit auf berufspolitischer, sondern auch auf fachlicher Ebene. Der

Deutsche Facharztverband (DFV) ist die Stimme nach außen dieses Zusammenschlusses.

Die fachgruppenübergreifende Basisfacharztmedizin bildet nahezu komplett die unterschiedlichen Krankheiten ab. Sie könnten auf dieser Ebene – erinnert sei hier nur an die BAGs – bereits heute ohne Hausarztebene komplett versorgt werden. Die Weiterbehandlung (z.B. Ambulante Operationen) erfolgt dann ebenfalls auf der ambulanten, niedergelassenen Facharztebene. Nur bestimmte, hochspezialisierte Leistungen, die eine stationäre Aufnahme verlangen, kommen noch ins Krankenhaus.

Die sinkende Zahl an Ärzten bei steigendem Versorgungsbedarf wird ein Überdenken der Mengenbegrenzung bei Fachärzten und des Systems aus Pauschalen bei den Hausärzten einleiten müssen. Ein Beispiel: Auf dem Land sollen jetzt schon die Mengengrenzen fallen.

Das Pauschalensystem führt gegenwärtig zu einer hohen Überweisungsquote in Richtung Fachärzte. Sinkt aber die Arztzahl weiter, wird die Mengenbegrenzung zu einem Versorgungshemmnis. Werden infolgedessen die Mengenbegrenzung und das Pauschalensystem modifiziert – mehr Menge, weniger leistungsfeindliche Pauschale –, wird die Position der Fachärzte gestärkt. Denn die Fachärzte verfügen über mehr abbildbare, verifizierbare Leistungen gegenüber der eher sprechenden Hausarztmedizin. Und ihre Leistung lässt sich qualitativ besser bewerten (Outcome).

Die Bedarfsplanung wird den Blick auf den Facharztmangel nochmals schärfen. Die KBV hat es durchgerechnet:

*Szenario 1:* die Fortentwicklung der Bedarfsplanung auf den (veralteten) Zahlen von 1990 plus dem Demographischen Faktor. Das Ergebnis: Es gibt keine Überversorgung weder in der Stadt noch auf dem Land. In vielen Facharztgruppen müssten weitere Ärzte zugelassen werden. Aber: Wer bezahlt das?

*Szenario 2:* die Fortentwicklung der Bedarfsplanung auf Basis der aktuellen Arztzahlen plus demografischer Faktor. Das Ergebnis: Auch hier, erst recht, löst sich die Überversorgung in Luft auf und es ergibt sich ein deutlicher Zusatzbedarf an Fachärzten. Aber: Wer bezahlt das?

*Und:* Der zusätzliche Bedarf trifft auf eine zunehmend überalterte Fachärzteschaft.

Also, es gibt allen Grund, den ambulanten Facharztberuf zu fördern, statt Medizinstudenten ständig zu verschrecken und zu verunsichern. Losungen, wie „es gibt zu viele Fachärzte" treffen weder die Sache noch bilden sie die zukünftigen Bedürfnisse ab.

Es sind noch aus einem anderen Grund Anstrengungen nötig, die Arbeit in der Facharztpraxis attraktiver zu gestalten: Die Arbeitskapazität in den Arztpraxen (allgemein) ist gesunken. Darunter sind mindestens zwei Ursachen, die die Politik und die Kassen korrigieren können – gemeinsam mit den Ärzten.

Die Kapazität der Praxen hat sich zwischen 1993 und 2009 von 100 auf 62 Prozent reduziert. Darauf hat Prof. Häussler vom IGES-Institut vor Kurzem hingewiesen.

Die Gründe:

a. Arbeitszeit-Modelle – Abnahme der Vollarbeitszeit (Abnahme zw. 1993 und 2009 um 25 Prozent) zugunsten einer Halbtagspraxis (plus 15 Prozent) oder weniger. Dies mindert die Kapazitäten der Praxen um 13 Prozent (Stichwort: Verweiblichung der Medizin/Familienmodelle).

b. Angebot Arbeitszeit – Ausfalltage (ältere Ärzte), Urlaub, Budgetferien aufgrund knapper Regelleistungsvolumina mindern die Kapazität der Praxen um 11 Prozent.

c. Bürokratie – die Belastung mit Bürokratie reduziert die Kapazitäten um 8 Prozent.

d. Kapazität/Fall – steigende Fallzahlen (plus 36 Prozent) senken die Kapazitäten um 22 Prozent.

An mindestens zwei Stellschrauben können Politik und Kassen arbeiten: Diese sind die Honorierung und der Abbau von bürokratischen Hemmnissen. Den Fachärzten – und auch der Bevölkerung, zumindest den Teilen, ist nicht zu vermitteln, warum nicht mehr Geld nicht ins System kommen kann. Stichwort Fehlallokation. „Jedem Landrat sein Krankenhaus" – dieser Satz und viele andere alte Zöpfe gehören dann abgeschnitten. Keine Frage, es ist dann umso dringender die kostengünstige Ebene der Facharztpraxen weiter zu fördern.

## 2. Ebene: Folgen der Entwicklung in den Sektoren ambulant – stationär

In ihrem ersten Gutachten „Effiziente Strukturen ärztlicher Versorgung", erstellt von IGES in Zusammenarbeit mit den Professoren Häusler und Rürup, erschienen 2008 im Nomos-Verlag, belegten DFV / Potsdamer Runde, dass es keine Anhaltspunkte für eine „Doppelte Facharztschiene" gibt. Seit dem ist dem Vorurteil, es gäbe eine doppelte Vorhaltung von Fachärzten stationär – ambulant, der Boden entzogen. Spielte dieses Vorurteil doch mehr oder weniger offen mit dem Gedanken der Abschaffung der niedergelassenen Facharztebene. Die entscheidende Zahl: 1,6 Fachärzte kommen auf 1.000 Einwohner: Davon sind 0,9 in der Klinik beschäftigt, 0,7 in Praxen niedergelassen. Damit nimmt Deutschland nur einen mittleren Platz im internationalen Vergleich ein. Würde die ambulante Praxisebene abgeschafft, würde schnell offensichtlich, dass die Kliniken deren Part nicht übernehmen könnten.

Das kommende Versorgungsstrukturgesetz zeigt den Trend auf: Die künftige Fortentwicklung der medizinischen Versorgungsstruktur spielt sich zwischen der Klinik und den niedergelassenen Fachärzten ab (Stichwort: Ambulante Spezialfachärztliche Versorgung).

Hausärzte können voraussichtlich auf dem Weg einer Überweisung steuernd eingreifen – dies könnte die Leistungserbringung eher verteuern, wenn dabei das Krankenhaus bevorzugt würde.

Die Verlagerungen von stationär nach ambulant gingen in der Vergangenheit auf den medizinischen Fortschritt zurück – dieser wird auch der Motor der künftigen Verlagerung sein, was ganz im Sinne unserer Patienten ist.


## 3. Ebene: Folgen der soziodemografischen Entwicklung

Ab einem Alter von 60 Jahren werden niedergelassene Fachärzte im Schnitt 3, 5mal häufiger in Anspruch genommen. Die Bevölkerung wird älter und entsprechend steigt der Bedarf an den Leistungen der Facharztpraxen. Bei Fachgruppen wie Urologen, Orthopäden, Augenärzten und Onkologen wird die Inanspruchnahme förmlich explodieren, sie steigt nach vorsichtigen Schätzungen auf den Faktor Neun!

Denn mehr ältere Menschen bei gleichzeitig steigender Morbidität führen zu einer höheren Nachfrage nach ambulanter Facharztmedizin – das ist eines der zentralen Ergebnisse des Gutachtens „Gesundheitsökonomischer Stellenwert einer flächendeckenden ambulanten Facharztversorgung", das Prof. Wille in Zusammenarbeit mit Dipl. Volkswirt Daniel Erdmann für DFV / Potsdamer Runde erarbeitet hat. Es ist 2011 ebenfalls im renommierten Nomos-Verlag erschienen.

Bezieht man in die Bedarfsplanung den demographischen Faktor ein, steigt die Zahl der benötigten Fachärzte – in Rheinland-Pfalz werden plötzlich zusätzlich 130 Ärzte benötigt. Die gegenwärtige Bedarfsplanung beruht auf Zahlen des Jahres 1993 und bildet die Erfordernisse von heute nicht ab: Was auf dem Papier als überversorgt gilt, ist realiter unterversorgt – und zwar nicht nur im ländlichen, sondern auch im städtischen Bereich. Generell muss mit einem deutlich höheren und zunehmenden Bedarf an fachärztlicher Leistung gerechnet werden.

Auch das hat das Gutachten festgestellt: Die Alterung und steigende Morbidität treffen auf einen Rückgang der Arztzahlen in Kombination mit veränderte Ansprüchen an die Berufsausübung (Stichwort: hoher Frauenanteil) – das Gut Facharztmedizin wird also immer knapper.

Die Fachärzte müssen in Zukunft also eine steigende Morbidität bewältigen:

- Im Jahr 2050 werden noch 70 Mio. Menschen in Deutschland wohnen; davon ist jeder Dritte über 60 Jahre sein. Dies zieht zahlreiche Konsequenzen nach sich.
- Bevölkerungswachstum gibt es künftig nur noch in Großstädten und Ballungsräumen. Die Fortentwicklung der Infrastrukturmaßnahmen konzentriert sich auf diese Räume – sprich (Steuer)Gelder fließen vornehmlich dorthin.
- Dennoch werden Teile der strukturschwachen ländlichen Regionen früher oder später aufgegeben werden müssen, – Stichwort Bevölkerungsatlas des „Berlin-Instituts – in Frankreich lässt sich dieser dort in aller Stille schon länger abgelaufene Prozess gut studieren.
- In Gebieten mit Bevölkerungsschwund können Infrastruktureinrichtungen (u.a. Öffentlicher Nahverkehr) immer schlechter aufrechterhalten werden – die Chance auf Mobilität für Patienten sinkt. Hinzukommt, dass die

Ausgaben der Kassen für Fahrtkosten werden steigen (DAK: von 2008 auf 2009 7,7 Prozent und 10 Prozent bei Mietwagen/Taxen).

Der Standort der Facharztmedizin wird auch in Zukunft vorwiegend, wie bisher, in verdichteten Räumen liegen. Das Prinzip der Wohnortnähe kann im ländlichen Raum nicht mehr mit festen Standorten der Praxen gewährleistet werden. Dazu werden künftig auf größeren Flächen zu wenig Menschen leben, was ebenfalls Mobilitätsbedarf auslösen wird (nicht nur das Pendeln in Ballungszentren, sondern auch auf dem Land selbst).

Deshalb werden die Fachärzte mit Konzepten

- der Filialpraxis,
- dem Gemeindepraxishaus (Gemeinden stellen die komplette Infrastruktur sowie eine Umsatzgarantie zur Verfügung für eine zeitlich begrenzte Facharztpräsenz wohnortnah)
- oder dem Prinzip der „Flying Doctors"

hier Versorgung organisieren.


**Facharzt und Pflege: das Zukunftsthema schlechthin**

Völlig ungelöst ist aus unserer Sicht das Thema Fachärzte und Pflege. So sieht der Bundesmantelvertrag eine fachärztliche Versorgung in den Senioren- und Pflegeheimen gar nicht vor. Die Potsdamer Runde und der DFV haben sich dazu klar positioniert: Fachärzte wollen, ja müssen, am Thema Pflege mitarbeiten in einer zunehmend älter werdenden Gesellschaft. Man kann das am Beispiel der chronischen Wunde festmachen – ein absolut interdisziplinäres Thema vom Dermatologen bis zum Orthopäden. Genauso liegt die urologische, gynäkologische und ophthalmologische Versorgung in den Heimen darnieder. Hier schlagen wir z.B. entsprechende interdisziplinäre Fachkonferenzen auf den Stationen vor. Allerdings – das Thema Honorar darf dabei nicht ausgeklammert werden. Eine entsprechende Berücksichtigung in einem Pflegegesetz ist aus unserer Sicht unabdingbar.

**Fazit und Schluss**

1. Veränderungen innerhalb der Ärzteschaft (Frauen/Familienplanung/ veränderte work-life-balance), Folgen der Honorierung (Budgetferien) und der zunehmenden Bürokratisierung führen zu einem verminderten Angebot an Praxiskapazität – Folge: Bedarf an mehr Fachärzten. 70 – 80 % der zukünftigen Ärzte werden Ärztinnen sein, die in Gruppenpraxen arbeiten werden und nicht für eine 60-Stunden-Woche zur Verfügung stehen.
2. Demographie/Morbidität – Folge: Bedarf an mehr Fachärzten
3. Gebiete mit einer hohen Überalterung und mit einer kontinuierlich abnehmenden, immobilen Bevölkerung, in denen Infrastruktur nicht mehr finanzierbar ist – Folge: Fachärzte müssen zum Patienten gebracht werden, d.h., Bedarf an flexibleren Strukturen
4. Erhalt des Kollektivvertrags mit Sicherstellungsauftrag – nicht noch mehr Bürokratie durch Selektivverträge; ein Selektivvertrag grenzt Ärzte aus, wo doch dringend mehr Ärzte gebraucht werden – Folge: Mehr übergreifende Versorgung (ähnlich der Integrierten Versorgung) statt Selektion unter rein ökonomischen Gesichtspunkten.
5. Thema ambulante Fachärzte und Pflege: Die Potsdamer Runde und der DFV stehen bereit, sich diesem wichtigen Thema anzunehmen. Die Politik an-scheinend noch (immer) nicht.


Meine Damen und Herren! Ich komme zum Schluss. Ich hoffe, ich konnte Ihnen die Komplexizität und vor allem die Bedeutung der ambulanten Fachärzte für die kommenden 30 Jahre verdeutlichen. Die alleinige Fokussierung auf die Hausärzte wird dem Interesse unserer immer älter werdenden Bevölkerung nicht mehr gerecht, der Facharzt wird eine Renaissance erleben.

Ich danke Ihnen für Ihre Aufmerksamkeit.

# Der Gestaltungsspielraum gesetzlicher Krankenkassen zwischen Wunsch und Realität

*Norbert Klusen*

Nie waren die Gestaltungsspielräume in der gesetzlichen Krankenversicherung größer als heute. Diese Entwicklung ist zu begrüßen, denn Handlungsfreiheiten der Krankenkassen sind kein Selbstzweck, sondern erlauben eine individuellere und flexiblere Betreuung der Versicherten.

Aus verschiedenen Befragungen der Techniker Krankenkasse[1] ist bekannt, dass sich die Versicherten genau dies wünschen. Wenn es darum geht, welchen Weg künftige Reformen gehen sollen, sprechen sich die Bürger für ein solidarisches Gesundheitssystem aus, allerdings eines mit umfangreicheren Wahlfreiheiten und individuellen Entscheidungsmöglichkeiten. Sie wollen mehr Eigenverantwortung und die Option, über Art und Umfang des eigenen Versicherungsschutzes selbst bestimmen zu können. Parallel dazu spricht sich eine Zweidrittelmehrheit der Befragten für stärkeren Wettbewerb auf allen Ebenen des Gesundheitssystems aus und erhofft sich davon einen besseren Service und eine hochwertige Versorgung zu geringeren Kosten. Vor allem bei schweren bzw. langwierigen Erkrankungen haben ausführliche Beratungsgespräche, eine intensive Zusammenarbeit zwischen allen medizinischen Beteiligten, der schnelle Zugang zu Koryphäen, die Erfüllung von Qualitätsvoraussetzungen sowie kurze Wartezeiten auf OP-Termine einen besonderen Stellenwert.

---

[1] z.B. TK-Meinungspuls Gesundheit 2010 und TK-Trendmonitor Gesundheit 2009

Abbildung 1: Was wünschen sich die Versicherten? Ergebnisse der Befragungen "TK-Meinungspuls Gesundheit September 2010" und "TK -Trendmonitor Gesundheit 2009"

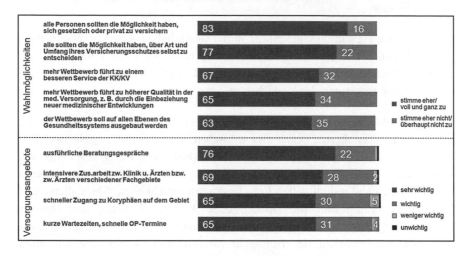

Lange Jahre war der Wettbewerb im System der gesetzlichen Krankenkassen stark beschränkt. Erst seit Mitte der neunziger Jahre wurden zunehmend Wettbewerbselemente in die GKV aufgenommen:

– Das Gesundheitsstrukturgesetz (GSG) von 1993 legte den Grundstein für diesen Prozess. Im GSG ist die Einführung des Wettbewerbs durch freie Kassenwahl für jeden Versicherten ab 1996 verankert. Diese Wahl-möglichkeit war entscheidend für alle weiteren Wettbewerbsschritte.

– In den zwei GKV-Neuordnungsgesetzen aus 1997 (1. NOG und 2. NOG) wurden Strukturverträge, Modellvorhaben und neue Instrumente der Beitragsgestaltung wie Beitragsrückerstattung, Selbstbehalt und Kosten-erstattungsregelungen für freiwillig Versicherte eingeführt.

– Ein wichtiger Wettbewerbsbaustein war auch die Förderung der Integrierten Versorgung, deren Einführung in der GKV-Gesundheitsreform von 2000 angelegt war und im GKV-Modernisierungsgesetz (GMG) im Jahr 2004 durch die Anschubfinanzierung weiter ausgebaut wurde. Außerdem ermöglichte dieses Gesetz Medizinische Versorgungszentren und führte die strukturierten Behandlungsprogramme (DMP) ein. Wichtig für die Wahlfreiheit der Versicherten war, dass den Krankenkassen erlaubt wurde, in

Kooperation mit der PKV private Zusatzversicherungen anzubieten, und dass erstmals in Deutschland der Versandhandel für apothekenpflichtige und verschreibungspflichtige Arzneimittel freigegeben wurde.

- Mit dem GKV-Wettbewerbsstärkungsgesetz (GKV-WSG) im Jahr 2007 sind die Gestaltungsmöglichkeiten erneut erweitert worden: Krankenkassen dürfen nun allen Versicherten Selbstbehalt-, Kostenerstattungs- oder Beitragsrückerstattungstarife anbieten; außerdem können sie über Kassenartengrenzen hinweg fusionieren.

- Auch die schwarz-gelbe Regierung hat mit dem Arzneimittelmarkt-Neuordnungsgesetz (AMNOG) im Jahr 2011 den Wettbewerb in der GKV gefördert. Zum einen können gesetzlich Versicherte anstelle eines rabattierten Arzneimittels das teurere Medikament eines anderen Herstellers mit identischem Wirkstoff wählen, wenn sie die Mehrkosten selber zahlen. Zum anderen hat sich durch das Gesetz die Preisgestaltung für neu auf den Markt kommende Medikamente stark geändert. Sie werden nun einer frühen Bewertung unterzogen, auf deren Grundlage festgestellt wird, ob ein Medikament einen Zusatznutzen besitzt. Im Anschluss finden für entsprechende Arzneimittel Preisverhandlungen zwischen dem GKV-Spitzenverband und der pharmazeutischen Industrie statt. Jede Krankenkasse kann darüber hinaus abweichend oder ergänzend von der Preisvereinbarung auf Bundesebene die Versorgung mit innovativen Arzneimitteln in eigener Initiative durch Rabattverträge regeln.

- Mit dem jüngsten Gesetzgebungsvorhaben, dem Versorgungsstrukturgesetz (VStG) werden derzeit die Angebotsmöglichkeiten für Satzungsleistungen erweitert, beispielsweise im Bereich der medizinischen Vorsorge und Rehabilitation (§§ 23, 40), der künstlichen Befruchtung (§ 27a), der zahnärztlichen Behandlung ohne die Versorgung mit Zahnersatz (§ 28 Absatz 2), bei der Versorgung mit nicht verschreibungspflichtigen Arzneimitteln (§ 34 Absatz 1 Satz 1), mit Heilmitteln (§ 32) und Hilfsmitteln (§ 33), im Bereich der häuslichen Krankenpflege (§ 37) und der Haushaltshilfe (§ 38) sowie im Bereich der Leistungen von nicht zugelassenen Leistungserbringern.

Abbildung 2: Wachsende Gestaltungsspielräume für Krankenkassen

| Versorgungs-angebote | 1. NOG (1997)<br>• Strukturverträge<br>• Modellvorhaben | GKV-Gesundheitsreform (2000)<br>• Beginn integrierte Versorgung<br><br>GMG (2004)<br>• IGV-Anschubfinanzierung<br>• Hausarztzentrierte Versorgung<br>• Bes. ambulante ärztl. Versorgung<br>• Förderung MVZ | GKV-WSG (2007)<br>• IGV-Verträge mit KH<br>für hochspezialisierte<br>Leistungen | VStG (2012)<br>• Ausweitung der<br>Satzungsleistungen |
| Wahlmög-lichkeiten | 2. NOG (1997)<br>• neue Instrumente der<br>Beitragsgestaltung<br><br>GSG (1996)<br>• freie Kassenwahl | GMG (2004)<br>• Bonusprogramme<br>• Kostenerstattung<br>• Zusatzversicherungen<br>• Internet-Versandhandel | GKV-WSG (2007)<br>• Sondertarife für alle<br>Versicherte möglich | AMNOG (2011)<br>• Wahlarzneimittel |
| Organisation/Strukturen | | AVWG (2006)<br>• AM-Rabattverträge<br><br>GKV-WSG (2007)<br>• kassenartenübergreifen<br>Fusionen | | AMNOG (2011)<br>• Preisverhandlungen<br>• Regelungen zur<br>bevorzugten Verordnung<br>von Vertragsarzneimitteln |

1996            2012

Die kontinuierliche Erweiterung der Gestaltungsmöglichkeiten der Kassen ist aber nicht ohne gleichzeitig geschaffene Einschränkungen erfolgt: so wurde das Finanzierungssystem umgestellt auf einen zentralen Gesundheitsfonds mit staatlich festgelegtem Beitragssatz und der Risikostrukturausgleich morbiditäts-orientiert gestaltet, was sich nun als kompliziert und manipulationsanfällig erweist. Gesetzliche Änderungen bei den Wahltarifen begrenzen neuerdings den Gestaltungsspielraum dieses Instruments. Und auch der Zwang zum Abschluss von Hausarztverträgen entspricht nicht dem Wettbewerbsgedanken. Mit Hilfe dieser Einschränkungen wurden Partikularinteressen geschützt, die einem konsequenten Ausbau des wettbewerblichen Gesundheitssystems zuwiderlaufen.

Gerade das Finanzierungssystem erweist sich in seiner heutigen Ausprägung als nicht wettbewerbstauglich. Die Entwicklung der Wechslerquoten in der GKV zeigen, dass das Finanzierungssystem über die Zusatzbeiträge kurzzeitig den Preiswettbewerb zum Erliegen gebracht hat und heute zu Marktverwerfungen führt. Die Wechslerquoten lagen bis 2008 zwischen 4 Prozent und 5,8 Prozent. Durch den einheitlichen Beitragssatz sank die Quote 2009 auf 2 Prozent, lediglich ein "Grundrauschen". Die relativ geringen Zusatzbeiträge ab 2010 haben dagegen zu enormen Bewegungen geführt, so dass die Wechslerquote höchstwahrscheinlich das gleiche Niveau erreichen wird wie zu Zeiten der kassenindividuellen Beitragssätze, obwohl die Preisunterschiede deutlich geringer ausfallen. 2012 ist erneut mit einem Absinken der Wechslerquoten zu rechnen, da einige Kassen bereits die Rücknahme der Zusatzbeiträge angekündigt haben.

Offen bleibt, wie es nach der Bundestagswahl weiter geht. Denn es ist unklar, ob es - je nach politischen Mehrheiten - zu einem Ausbau des Zusatzbeitragssystems kommt oder eine andere Finanzierungssystematik beschlossen wird. Deutlich zu erkennen ist aber, dass die Preissensibilität der Versicherten gegenüber Zusatzbeiträgen hoch ist und die Kunden zu einem Wechsel der Krankenkasse bewegt. Ein zweiter wichtiger Wettbewerbsfaktor neben dem Preis bleibt der Service: die Betreuung durch die Krankenkasse. Die Versicherten wünschen sich, dass ihre Krankenkasse individueller Partner für alle Gesundheitsfragen ist.

**Versorgungszukunft im Wettbewerb**

Zur Kernkompetenz der Krankenkassen gehört die Versorgung ihrer Versicherten mit hochwertigen Leistungsangeboten. Dies können zum Beispiel der Zugang zu Innovationen, die Steuerung und Versorgungsoptimierung, Angebote im Rahmen der sanften Medizin, die Versorgung mit besonderen Leistungsinhalten oder erweiterte Satzungsleistungen sein.

Die TK nutzt alle zur Verfügung stehenden Möglichkeiten, um gute und umfangreiche Versorgungsangebote zu machen. Seit 2004 bis 2010 wurden über 320.000 Versicherte der TK im Rahmen der integrierten Versorgung behandelt - alleine für 2011 werden es über 130.000 Versicherte bei einem veranschlagten Vertragsvolumen von ca. 110 Millionen Euro sein.

*Beispiel Gamma-Knife*

Geprüfte innovative Versorgungsangebote macht die TK schnell für ihre Versicherten zugänglich. Deshalb hat sie beispielsweise Verträge zur Versorgung mit Gamma-Knife (Radiochirurgie) geschlossen. Die

Radiochirurgie ist die höchstpräzise Bestrahlung unter Schonung der das Zielgebiet umfassenden Strukturen. Mit geradezu "chirurgischer Präzision" können so Zielgebiete, die wenig strahlungsempfindlich sind, behandelt werden, ohne kritische Strukturen in enger Nachbarschaft zu beeinträchtigen. Die TK hat sich sowohl aus medizinischer Sicht als auch vor dem Hintergrund der Wirtschaftlichkeit für eine vertragliche Lösung entschieden und übernimmt die Kosten für diese Behandlung.

*Beispiel Integrierte Versorgung Rücken*

Auch die Versorgungsoptimierung und Steuerung des Patienten gehören zum TK-Angebot. Ein gutes Beispiel hierfür ist das Angebot Integrierte Versorgung Rücken (IVR), an dem bereits knapp 5.000 Versicherte teilgenommen haben. An 35 Standorten in 15 Bundesländern arbeiten Schmerztherapeuten fachübergreifend zusammen, um die Patienten möglichst schnell von ihren Schmerzen zu befreien. Hierzu wurden exklusive Verträge mit erfahrenen schmerztherapeutischen Schwerpunkteinrichtungen abgeschlossen. Im Rahmen des Konzepts erarbeiten mehrere Spezialisten unterschiedlicher Fachrichtungen einen hochintensiven und individuell abgestimmten Behandlungsplan. Das Ergebnis für die Patienten ist eine schnelle und effektive Therapie, weniger Schmerzen und mehr Mobilität. Die Steuerung der Patienten in dieses Versorgungsangebot erfolgt ausschließlich durch die Krankenkasse. Ziel dieses relativ kostenintensiven Versorgungsangebotes ist es, die Arbeitsfähigkeit von Versicherten, die wegen der Diagnose Rückenschmerz über längere Zeit krankgeschrieben sind, nachhaltig wiederherzustellen. So soll ein möglicher Krankengeldbezug vermieden oder verkürzt werden.

In dem Vertrag findet eine Verteilung des finanziellen Risikos zwischen TK und Leistungserbringer durch erfolgsabhängige Vergütung statt: wenn ein Patient nach vier Wochen wieder schmerzfrei und arbeitsfähig ist, erhält das Schmerzzentrum einen Bonus von 10 Prozent. Bei Nichterfolg nach acht Wochen Therapie fällt ein Malus von 5 Prozent auf das Honorar an. Das Ergebnis spricht für sich: Teilnehmer können im Schnitt 72 Tage früher als Patienten ohne IVR an ihren Arbeitsplatz zurückkehren.

Abbildung 3:  Patientenwege im Behandlungsangebot "Integrierte Versorgung Rückenschmerz"

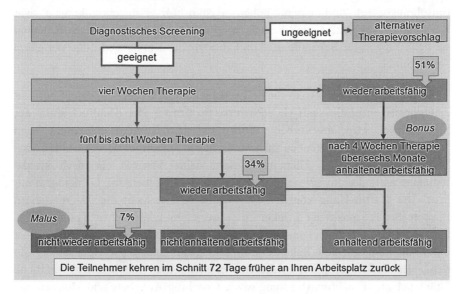

## Beispiel Homöopathie

Patienten wünschen sich zunehmend eine Behandlung mit alternativen Methoden. Deshalb hat die TK bereits seit 2007 Verträge zur Homöopathie-Behandlung geschlossen. Zum Leistungsumfang gehören: die Erstanamnese, Arzneiauswahl und homöopathische Analyse, die Folgeanamnese und kürzere Beratungen. Die Kosten für Medikamente trägt der Versicherte bisher selbst. Eine entsprechende Satzungsleistung zur finanziellen Entlastung der Patienten ist geplant.

## Beispiel Sport als Therapie

Zum Selbstverständnis der TK gehört es, neue Wege in der Versorgung und Prävention zu gehen. Ein Beispiel hierfür ist das Pilotprojekt "Sport als Therapie". Immer mehr Menschen leiden unter so genannten

Zivilisationskrankheiten wie Herzinsuffizienz oder Diabetes Typ 2. Für die Patienten sind diese chronischen Erkrankungen oft mit großen gesundheitlichen Einschränkungen und einem hohen Risiko für Folgeerkrankungen wie Herzinfarkt und Schlaganfall verbunden. Für das Gesundheitswesen bedeuten sie hohe Kosten für Behandlung, Klinikaufenthalte, Krankengeld und vor allem Arzneimittel.

Bewegung hilft, das Risiko für Folgeerkrankungen zu senken, denn Sport hat einen positiven Einfluss auf viele Prozesse im Körper. Der Blutdruck sinkt, der Stoffwechsel wird angekurbelt. Wohl dosiertes Training unterstützt beim Abnehmen, und häufig können auch Medikamente niedriger dosiert werden. Das Pilotprojekt "Sport als Therapie" spricht daher bewusst chronisch kranke Patienten an und motiviert sie zu einem gesünderen Lebensstil. Gemeinsam mit Prof. Dr. Martin Halle von der TU München untersucht die TK in diesem Pilotprojekt die positiven Effekte eines gezielten körperlichen Trainings bei Herz-Kreislauf-Erkrankungen und Diabetes. Die Teilnehmer trainieren zunächst unter Anleitung in einem Reha-Zentrum und später zunehmend eigenständig. Zu dem Behandlungsangebot gehören ebenso die regelmäßige ärztliche Untersuchung, Ernährungsberatung sowie Coaching-Angebote und Motivations-schulungen.

Die TK versteht sich insgesamt als **Berater und Unterstützer ihrer Versicherten**. Es geht um Transparenz und hohe Versorgungsqualität für die Patienten. Diese Rolle nimmt die TK sehr ernst und bietet unterschiedliche Angebote hierzu an:

– Mit dem *TK-Klinikführer* haben die Versicherten die Möglichkeit, über eine Online-Krankenhaus-Suchmaschine Informationen über die objektive Behandlungsqualität und die subjektiven Eindrücke und Erfahrungen von Patienten zu erhalten. Die Meinung der Patienten wird in regelmäßigen Befragungen ermittelt.
– Ab kommenden Februar wird die TK auch im ambulanten Bereich ein Infomationsportal anbieten, den *TK-Ärzteführer*. Das Portal bietet den Nutzern einen direkten Zugriff auf alle niedergelassenen Haus- und Fachärzte - insgesamt rund 130.000. Die Versicherten können in diesem Portal mitteilen, wie zufrieden sie mit dem Arzt waren. Dafür müssen sie sich mit den Angaben auf ihrer Versichertenkarte registrieren und können dann

anonym ihren Arzt beurteilen. Auch Versicherte anderer Kassen sind in der Lage, die Ergebnisse einzusehen. Mit dem Angebot beteiligt sich die TK am Portal der Weissen Liste der Bertelsmann Stiftung gemeinsam mit der AOK und Barmer GEK. Gemeinsam betreuen die Kassen mit rund 38 Millionen Menschen mehr als die Hälfte aller gesetzlich Versicherten.

- Im Rahmen des Arzneimitteltherapiemanagement bietet die TK ihren Versicherten seit mehreren Jahren eine Übersicht über die verordneten Medikamente an. Der Arzneimittelkontoauszug heißt *TK ViA*. Die TK-Versicherten können sich eine Übersicht der zu Lasten der TK bezogenen Arznei-, Verband- und Hilfsmittel der vergangenen zwei Jahre zusenden lassen. Der Versicherte erhält damit einen Überblick über seine Verordnungen und kann diese Informationen für Beratungsgespräche beim Arzt oder Apotheker nutzen. Auf diese Weise können Doppelverordnungen und Medikationsfehler erkannt werden. TK ViA enthält auch Kennzeichnungen zu Priscus-Medikamenten: die Priscus-Liste enthält Arzneistoffe, deren Anwendung bei älteren Menschen (ab 65 Jahren) besonders aufmerksam geprüft werden sollte.

- Für Versicherte mit diagnostizierter Herzinsuffizienz, Herzinfarkt, Diabetes und Koronarer Herzkrankheit besteht ein *telefonisches Patientencoaching* durch geschulte Patientenberater (Coaches sind nicht-ärztliche Therapeuten wie Ernährungswissenschaftler, Sporttherapeuten, Psychologen). Dieses Angebot wird langfristig auf andere Themenbereiche erweitert.
  Daneben stehen den Versicherten mehrere *Online-Gesundheitscoaches* im Bereich Prävention und Gesundheit zur Verfügung. Ein Internetprogramm unterstützt TK-Versicherte dabei, den Alltag gesundheitsbewusster zu gestalten. So plant der Internet-Coach beispielsweise für Interessierte eine optimale Strategie, richtig zu trainieren, das Rauchen aufzugeben oder einen sinnvollen Speiseplan aufzustellen. Insgesamt stehen den Versicherten sechs Module zur Verfügung: Fitnesscoach, Ernährungscoach, Antistresscoach, Nichtrauchercoach, Walkingcoach und Diabetescoach.

- Ein weiterer Service für TK-Versicherte ist der kostenlose telefonische Zugang zu einem *ÄrzteZentrum*. Dort arbeiten rund 100 erfahrene Fachärzte. Die Kunden erhalten kompetente Antworten auf Fragen rund um Medizin und Gesundheit. Dieser Service steht TK-Kunden exklusiv zur Verfügung: 24 Stunden täglich, 365 Tage im Jahr.

- Krankenkassen sind darüber hinaus Anbieter eines breiten Produktportfolios. Hierbei stehen *Wahltarife, Zusatzversicherungen und die Bonusprogramme* im Mittelpunkt. Für die TK sind Wahltarife ein fester Bestandteil im GKV-Markt. Die TK-Versicherten haben hier die Wahl zwischen verschiedenen Tarifen, mit denen sie Geld sparen oder zusätzliche Leistungen erhalten können. Selbstverständlich bietet die TK ihren Kunden in Kooperation mit einem privaten Versicherungsanbieter auch eine Reihe von Zusatzversicherungen an, z.B. Auslandskrankenversicherungen, Zahnzusatzversicherungen oder ambulante sowie stationäre Tarife. Im Bereich der Prävention gewährt die TK im Rahmen entsprechender Programme Boni für unterschiedliche Maßnahmen zu den Themen Früherkennung und Vorsorge, Gesundheitskurse, Sport und Gesundheit.

- Immer wieder ist zu hören, dass die Vergabe von Terminen beim Facharzt mit Wartezeiten verbunden ist. Deshalb unterstützt die TK mit dem *TK-TerminService* die Kunden bundesweit bei der Vereinbarung von Haus- und Facharztterminen. Fast alle der Anfragenden erhalten über den Terminservice ihren Wunschtermin. Als Ergänzung wurde nun in Berlin das *Pilotprojekt "Online-Terminbuchung"* gestartet. Über ein Internetportal können TK-Versicherte aus der Region unabhängig von den Sprechzeiten auf den Terminkalender ihrer Facharztpraxis zugreifen und einen Termin buchen. Dabei handelt es sich nicht um eine Terminanfrage per E-Mail, sondern um eine verbindliche Terminbuchung. Die teilnehmenden Ärzte halten im Rahmen des Pilotprojekts bestimmte Zeitkontingente frei, so dass die TK-Versicherten auch kurzfristig einen Termin online buchen können. Darüber hinaus können Versicherte über das Onlineportal den Arzt vorab informieren, was der Grund für den Besuch ist. An dem Projekt beteiligen sich vier Berliner Facharztverbünde: der Hals-Nasen-Ohren-Verbund, der Chirurgische/Orthopädische-Verbund, der Gynäkologie-Verbund und der Augen-Verbund. Die Webanwendung stellt ein von der Kassenärztlichen Bundesvereinigung geprüfter externen Dienstleister bereit. Die Firma erfüllt strengste Anforderungen an den Datenschutz mit einer europaweit zum Patent angemeldeten Sicherheitstechnologie. In der einjährigen Pilotphase wird der konkrete Nutzen des Angebots für die TK-Versicherten vom Wissenschaftlichen Institut der TK für Nutzen und Effizienz im Gesundheitswesen (WINEG) evaluiert. Bei entsprechendem Erfolg soll der Service im Anschluss TK-Versicherten langfristig bundesweit zur Verfügung stehen.

## Kommunikationswege im Wandel

Sehr wichtig ist den Versicherten, dass ihre Krankenkasse ein moderner Dienstleister ist, mit effizientem und freundlichem Service.

Die TK hat jährlich ca. 92 Millionen Versichertenkontakte. Es werden über 34 Millionen Briefe verschickt, über 2 Millionen Besucher kommen in die Kundenberatungen. Auf der Homepage www.tk.de informieren sich durchschnittlich fast 1,5 Millionen Besucher pro Monat, wobei 155.000 Kontakte bereits über mobile Endgeräte erfolgen. Die TK ist nicht nur im Internet, sondern auch telefonisch an 365 Tagen im Jahr 24 Stunden täglich erreichbar.

Die Kommunikationswege unterliegen dabei einem stetigen Wandel, dem es auch in einer modernen Gesundheitsversorgung gerecht zu werden gilt. Dabei sind strengste Anforderung an den Datenschutz und die Datensicherheit zu stellen.

Ein erster Schritt ist die Nutzung von Facebook. Unter dem Slogan *"TK goes Social Media"* hat die TK dies umgesetzt. Es gibt weitere Versuche, auch im Gesundheitsbereich die neuen Medien stärker zu nutzen und in die Versorgung einzubinden, zum Beispiel im Rahmen der genannten Gesundheitscoaches aber auch im Bereich der Telemedizin. Von fundamentaler Bedeutung wird der Auf- und Ausbau einer sicheren und medienbruchlosen elektronischen Kommunikation zwischen Versicherten und Krankenkasse sein. Hier werden Verfahren zum Zugang benötigt, die die derzeitige Unterschrifterfordernis auf Papier ablösen. Mögliche Umsetzungsmöglichkeiten, die zu prüfen wären, sind

- die *Entwicklung elektronischer Dokumente* (z. B. eRezept). Im Bereich der Versorgung könnte der Ausbau online-gestützter Angebote sinnvoll sein. Auf einer sicheren Plattform könnte es die komplette Abbildung eines Patientenprozesses geben, also die Bündelung von Telemonitoring, Beratung und Coaching;
- ein *Telemedizin-Zentrum* der Krankenkasse zusammen mit Ärzten;
- bedingt durch den demografischen Wandel ein Ausbau von *Ambient Assisted Living* (Konzepte, Produkte und Dienstleistungen, die neue Technologien und soziales Umfeld miteinander verbinden mit dem Ziel, die Lebensqualität für Menschen in allen Lebensabschnitten zu erhöhen). Hier sind neben

Kranken- und Pflegekassen aber auch weitere Beteiligte einzubeziehen wie beispielsweise die Industrie;

- eine *Online-Anbindung der Ärzte*, gerade auch im Rahmen vernetzter Strukturen und zunehmenden selektivvertraglichen Angeboten;
- *der Einsatz von Serious Games:* mit ihnen kann die Versorgung der Menschen, gerade von Kindern, verbessert werden. Unter Serious Games versteht man digitale Spiele, die nicht primär oder ausschließlich der Unterhaltung dienen, wohl aber derartige Elemente zwingend enthalten. Für folgende Indikationen gibt es beispielsweise Therapiespiele: Asthma, Diabetes, Krebs, ADHS. Ziel der Spiele ist die Vermittlung von Kenntnissen über die Erkrankung, Steigerung der Problemlösungskompetenz (z.B. bei Asthmaanfall) oder Übungsspiele (z.B. Geduldsspiele bei ADHS). Ob eine Verbesserung der Versorgung durch solche Spiele erreicht werden kann, gilt es zu prüfen.

Die Möglichkeiten der elektronischen Medien sollten zunehmend zum Ausbau der Online-Serviceleistungen genutzt werden. Hierzu gehören vor allem die Terminvergabe, das Web-Tracking von Vorgängen und online durchgeführte Kunden- und Patientenbefragungen (schnelleres Feedback zu Angeboten und Service).

Die genannten Beispiele belegen, wie eine Krankenkasse die vorhandenen Gestaltungsmöglichkeiten bereits nutzen kann. Nichtsdestotrotz sollte die Rolle der Krankenkasse als Gesundheitspartner des Versicherten gestärkt und ausgebaut werden. Fünf mögliche Rollenprofile weisen den Weg in die Zukunft:

*Die Krankenkasse als Gestalter*: durch Erweiterung der wettbewerblichen Spielräume werden die Kassen in die Lage versetzt, individuelle Tarife für erweiterte Leistungen und Services mit zusätzlichen Prämien anzubieten. Die Erweiterung der wettbewerblichen Gestaltungsmöglichkeiten der Krankenkassen stärkt den Wettbewerb und führt dazu, dass die Versorgungsangebote noch stärker als bisher an den Wünschen und Bedürfnissen der Versicherten ausgerichtet werden können. Die Tarifierung dieser zusätzlichen Leistungen ermöglicht eine zielgruppenspezifische Bündelung von Inhalten sowie eine verbesserte Steuerung der entstehenden Kosten: die Tarife könnten als Individual- oder Gruppentarife dargestellt werden.

*Die Krankenkasse als Lotse*: eine gute Steuerung des Patienten kann die Effektivität und Effizienz der Versorgung steigern. Durch einen Managed Care Tarif, der einen regulierten Zugang zur Versorgung vorsieht, könnten die Versicherten ihre Beiträge reduzieren, in dem sie sich verpflichten, sich nur von bestimmten Leistungserbringern behandeln zu lassen. Vorstellbar wären eine telefonische Vorab-Beratung durch die Krankenkassen, welcher Arzt aufgesucht werden kann, oder eine Liste teilnehmender Mediziner und Krankenhäuser. Die ärztliche Therapiehoheit bleibt unangetastet. Eine Teilnahme an einem solchen Tarif wäre selbstverständlich freiwillig.

Die Schweiz als europäisches Pionierland für Managed Care (1990 wurde hier die erste HMO Europas gegründet) hat insgesamt gute Erfahrungen mit der Einführung entsprechender Instrumente gemacht. Angeboten werden Tarife mit einem ärztlichen Ansprechpartner (koordinierender Leistungserbringer) als erste Anlaufstelle. Zur Wahl stehen eine telemedizinische Gesundheitsberatung oder ein Hausarzt respektive eine Gruppenpraxis aus einer vorgegebenen Ärzteliste. Die Versicherten sind verpflichtet, sich bei jedem Gesundheitsproblem immer zuerst an den gewählten ärztlichen Ansprechpartner zu wenden und dessen vorgeschlagenen Behandlungspfad einzuhalten.

*Die Krankenkasse als Einkäufer*: Es wäre vorstellbar, dass die Krankenkassen für ihre Versicherten Angebotsmodule zur Verfügung stellen, die auch Leistungen des zweiten und dritten Gesundheitsmarktes enthalten. Beispiele könnten sinnvolle IGeL-Leistungen oder Produkte sein, die die Versicherten zu günstigen Preisen erhalten können.

*Die Krankenkasse als "Leistungserbringer"*: grundsätzlich wäre zu überlegen, ob die Krankenkassen nicht als Betreiber von Eigenbetrieben ein hohes Maß an Gestaltungsspielraum für Versorgungsangebote erhalten und damit die Versorgung qualitativ hochwertiger und kosteneffektiver anbieten können. Die Knappschaft betreibt historisch bedingt eigene Krankenhäuser und Rehakliniken und beschäftigt eigene Ärzte. Denn nach § 140 SGB V dürfen Krankenkassen Eigeneinrichtungen, die vor 1989 bestanden, weiterbetreiben. Das trifft für die Knappschaft zu. Die Frage stellt sich, ob man diese Möglichkeit nicht allen Kassen einräumt, um z.B. ein eigenes MVZ betreiben zu können.

*Die Krankenkasse als Partner*: Im Vordergrund des partnerschaftlichen Umgangs steht die Förderung der Eigenverantwortung der Versicherten mit dem

Ziel, die Patientenkompetenz zu erhöhen und individuelle Entscheidungen zu ermöglichen. Aus den Erfahrungen mit den integrierten Versorgungsverträgen wissen wir, dass das Behandlungsergebnis positiver ausfällt, wenn der Patient das Versorgungskonzept und -ziel kennt, versteht und sich motiviert einbringt. In gewissem Umfang kann schon heute die Eigenverantwortung der Patienten honoriert werden (z.B. im Rahmen von § 53 Abs. 3 SGB V). Diese Möglichkeit sollte jenseits der integrierten Versorgung auch für andere Gesundheitsleistungen und Beratungsangebote erlaubt werden, um eigenverantwortliches und therapieförderndes Verhalten zu unterstützen.

**Fazit**

Das Angebot der Krankenkassen an ihre Versicherten wird immer bedarfsorientierter und zielgerichteter. Nur diejenigen Krankenkassen, denen es gelingt, ein entsprechendes Produktportfolio aufzuweisen und es entsprechend kundenorientiert und effizient anzubieten, bestehen im Konzentrationsprozess. Dazu trägt der Wettbewerb zwischen den Kassen bei und diesen Weg gilt es weiter zu beschreiten: mit kontinuierlich wachsenden Gestaltungsspielräumen und gleichen Wettbewerbsbedingungen für alle Beteiligten.

Überfällig ist es dagegen, den Wettbewerb auf die Leistungserbringer-Seite auszuweiten und die Konvergenz zwischen GKV und PKV voranzutreiben, um einen einheitlichen Gesundheitsmarkt zu schaffen. Einen Markt, in dem der Kunde zwischen allen Anbietern und Angeboten wählen darf unabhängig von seinem Gehalt, Gesundheitszustand oder seiner Profession. Mit diesem einheitlichen Gesundheitsmarkt, auf dem umfangreiche Wahl- und Gestaltungsmöglichkeiten bestehen, würde der Patient mit seinen individuellen Bedürfnissen dorthin gerückt, wohin er gehört: in den Mittelpunkt.

# Vertragskompetenzen für eine effiziente Gesundheitsversorgung aus Sicht der PKV

*Volker Leienbach*

Die Private Krankenversicherung ist eine unverzichtbare Säule des deutschen Gesundheitssystems. Mehr als 31 Millionen Versicherungen bestehen derzeit bei den 43 Mitgliedsunternehmen des PKV-Verbands: Gut 8,9 Millionen Menschen sind komplett privat krankenversichert („Krankheitsvollversicherung"), dazu kommen etwa 22,1 Millionen private Zusatzversicherungen wie Zahnzusatzversicherungen, Versicherungen über Wahlleistungen im Krankenhaus oder Krankentagegeldversicherungen. Mit etwa 72 Prozent der Beitragseinnahmen ist die Krankheitsvollversicherung das Hauptgeschäftsfeld der PKV. Nur 13,1 Prozent der Beitragseinnahmen entfallen auf Zusatzversicherungen, die den Schutz der Gesetzlichen Krankenversicherung ergänzen.

Die Versichertenstruktur der Privatversicherten umfasst alle sozialen Schichten. Das Vorurteil von der „Versicherung der Besserverdienenden" entspricht daher nicht der Realität: Nur 13 Prozent der Vollversicherten sind Angestellte mit einem Verdienst über der Versicherungspflichtgrenze. Beamten und Selbstständigen erlaubt der Gesetzgeber dagegen unabhängig von ihrem Einkommen, sich privat zu versichern. Daher machen Beamte, Pensionäre und ihre Angehörigen mit 48,3 Prozent den weitaus größten Teil der PKV-Kunden aus, danach folgen die Selbstständigen als zweitgrößte Gruppe mit 17,4 Prozent.

Ihre Entscheidung ist oft eine Entscheidung fürs Leben. Seit Jahresbeginn 2009 gilt in Deutschland eine allgemeine Pflicht zur Versicherung. Demnach ist jede Person mit Wohnsitz im Inland verpflichtet, in der PKV „eine Krankheitskostenversicherung, die mindestens eine Kostenerstattung für ambulante und stationäre Heilbehandlung umfasst, ... abzuschließen und aufrechtzuerhalten", sofern sie nicht in der Gesetzlichen Krankenversicherung versicherungspflichtig oder bereits versichert ist. Aus dieser Pflicht ergibt sich im Umkehrschluss die Verantwortung für die PKV, ihren Versicherten langfristig eine effiziente, qualitativ hochwertige und bezahlbare Krankenversicherung zu garantieren.

Daher kann die Private Krankenversicherung nicht tatenlos hinnehmen, wie ihre Vorzüge durch einen überproportionalen Anstieg der Leistungsausgaben konterkariert werden. Sie darf sich nicht mit der Funktion des reinen Kostenerstatters begnügen, sondern muss im Interesse ihrer Versicherten vom „Payer" zum „Player" werden. Zwar nutzt die Branche ihre tariflichen Gestaltungsinstrumente (Selbstbehalte, Beitragsrückerstattung, Leistungsumfang der Tarife) seit Jahren erfolgreich und kann auch über den Weg der Rechnungsprüfung und Versichertenaufklärung ungerechtfertigte Kosten vermeiden. Ihre Gestaltungsmöglichkeiten außerhalb der reinen Tarifgestaltung, das heißt vor allem Vertragskompetenzen mit den Leistungserbringern, sind aber ungenügend. Denn anders als die Gesetzliche Krankenversicherung, die im ambulanten und stationären Bereich sowie bei Arzneimitteln weitreichende Vertragskompetenzen besitzt, sind die Verhandlungsmöglichkeiten der PKV vom Gesetzgeber in vielen Bereichen beschränkt.

Wo die Branche solche Möglichkeiten besitzt, setzt sie diese durchaus erfolgreich im Interesse der Versicherten um: Das beweisen die Verträge des PKV-Verbands mit rund 1400 (von etwa 2000) Krankenhäusern in Deutschland über eine transparente und angemessene Vergütung der „Wahlleistung Unterkunft" für Privatpatienten. Hintergrund ist §17 Abs. 1 des Krankenhaus-entgeltgesetzes, wonach die Zuschläge für die Unterkunft im Ein- und Zweibettzimmer „in keinem unangemessenen Verhältnis zu den Leistungen" stehen dürfen und der Verband der Privaten Krankenversicherung gegebenen-falls die Herabsetzung „auf eine angemessene Höhe" verlangen kann. Mit diesem Instrument ausgestattet, hat der PKV-Verband hunderte von partnerschaftlichen Verhandlungen mit den Krankenhäusern geführt, mit deren Ergebnis alle Beteiligten mehr als zufrieden sind. Mittlerweile kann sogar von einem regelrechten Boom bei der Verbesserung der Wahlleistungen gesprochen werden.

Das Beispiel zeigt: Wenn die Rahmenbedingungen stimmen, können mehr Vertragskompetenzen zu einem Erfolg für beide Seiten werden. Allerdings benötigt die Private Krankenversicherung dafür einen eindeutigen und verbindlichen gesetzlichen Rahmen, weil sonst jede branchenweite Vereinbarung mit dem Kartellrecht in Konflikt käme.

Das zeigt sich deutlich mit Blick auf die Vertragskompetenzen der Branche bei Arzneimittel-Rabattverträgen. Zwar sind Verhandlungen in diesem Bereich nach §78 Abs. 3 des Arzneimittelgesetzes grundsätzlich erlaubt und durch

Verträge diverser PKV-Unternehmen mit Pharmafirmen „gelebte Praxis". Vom PKV-Verband abgeschlossene Rabattverträge gibt es dagegen nicht. Branchenweit mangelt es an wirkungsvollen Vertragsbeziehungen zu den Ärzten. Der beste Rabattvertrag nutzt aber wenig, wenn nicht sichergestellt wird, dass das rabattierte Mittel bevorzugt verschrieben bzw. überhaupt verschrieben wird. Mit dieser Rechtslage besteht für die Hersteller kaum ein Anreiz, sich ernsthaften Verhandlungen zu stellen, was die Verhandlungs-möglichkeiten der PKV in der Praxis weitgehend wirkungslos macht.

Als unbefriedigend zu bewerten sind auch die Verhandlungsmöglichkeiten der PKV über die Preise „innovativer" Arzneimittel. Zwar profitieren auch Privatversicherte grundsätzlich von den ab 2012 beginnenden Rabattverhandlungen. Im Verfahren selbst hat die PKV aber nur beschränkte Gestaltungsspielräume. Nach § 130b Abs.1 SGB V vereinbart der GKV-Spitzenverband „im Benehmen mit dem Verband der Privaten Krankenversicherung" die Preise mit den Pharmafirmen. Konkret bedeutet dies, dass sich der PKV-Verband zwar in die Verhandlungen der Gesetzlichen Krankenversicherung mit einbringen kann und insofern in das Verfahren einbezogen ist. Es fehlt aber ein eigenständiges, gleichberechtigtes Verhandlungsmandat gegenüber der Pharmaindustrie.

Dabei wäre dies dringend nötig: Zwischen 2000 und 2010 stiegen die Arzneimittelausgaben der PKV um 91 Prozent und somit erheblich stärker als in der GKV (plus 56 Prozent). Dafür gibt es mehrere Gründe: Diverse Arzneimittel werden von der Gesetzlichen Krankenversicherung überhaupt nicht erstattet, für andere zahlen die Kassen je nach Wirkstoffgruppe nur einen Festbetrag. Darüber hinaus gewährt der Gesetzgeber gesetzlich Versicherten einen Apothekerrabatt, obwohl diesen von der Sache her eigentlich die Privatversicherten erhalten müssten: Weil diese als Selbstzahler in Vorleistung gehen, ersparen sich die Apotheker den Aufwand der Abrechnung mit den Kassen. Auch nach der jüngsten Arzneimittelreform entscheidet der Versichertenstatus also noch über den Preis. Während das in der ärztlichen Versorgung durch die besondere Zuwendung des Arztes sowie Serviceleistungen gerechtfertigt ist, ist es bei Arzneimitteln kaum begründbar.

Das deutlichste Beispiel für die fehlenden Vertragskompetenzen des PKV-Verbands findet sich im Bereich der ambulanten ärztlichen und zahnärztlichen

Versorgung: Hier gilt der starre Rahmen der staatlichen Gebührenordnungen für Ärzte (GOÄ) und für Zahnärzte (GOZ). Die Gebührenordnungen ordnen jeder Leistung einen festen Preis zu. Sie erlauben es dem abrechnenden Arzt, diesen Preis abhängig von „der Schwierigkeit und des Zeitaufwandes der einzelnen Leistung sowie der Umstände bei der Ausführung" faktisch nach eigenem Ermessen mit einem bestimmten Steigerungsfaktor zu multiplizieren. Der laut GOÄ ursprünglich als Obergrenze für normale Leistungen gedachte Steigerungsfaktor von 2,3 wird inzwischen in mehr als 95 Prozent der Abrechnungen erreicht oder überschritten.

Damit ist das Gebührenrecht extrem statisch, eine Koppelung des Preises an Qualität und Menge der Leistungen findet nicht statt. Von der Gebührenordnung abweichende Vereinbarungen zwischen PKV und Ärzten, die beispielsweise die Höhe der Vergütung mit einer nachweisbaren Qualität der Leistungen verbinden würden, sind verboten. Nur in den Fällen, in denen die Leistungserbringer als juristische Personen unter die allgemeine Vertragsfreiheit fallen, darf von GOÄ bzw. GOZ abgewichen werden und Rahmenverträge des PKV-Verbands sind grundsätzlich möglich (zum Beispiel der Rahmenvertrag über das roboter-gestützte Radiochirurgie-System „Cyberknife").

Die Folge dieser mangelnden Vertragskompetenzen lässt sich in Zahlen benennen: Die Leistungsausgaben der PKV für die ambulante ärztliche Versorgung sind zwischen 1999 und 2010 um 42,6 Prozent gestiegen; das ist mehr als doppelt so viel wie die allgemeine Preissteigerung von 18,4 Prozent. Die Ausgaben für Zahnbehandlung und -ersatz je Vollversicherten stiegen zwischen 1999 und 2010 ähnlich stark um 42,2 Prozent, obwohl die Entwicklung der Betriebskosten in den Zahnarztpraxen laut Statistik der Kassenzahnärztlichen Bundesvereinigung zwischen 1999 und 2008 nur 10,7 Prozent betrug.

Aus diesem Grund ist es für die Private Krankenversicherung unerlässlich, bei der anstehenden Novellierung der GOÄ auf eine Öffnungsklausel zu drängen, also das Recht, in gegenseitigem Einvernehmen mit den Ärzten abweichende Vereinbarungen zu den starren gebührenrechtlichen Vorgaben verhandeln zu dürfen: Nur so kann die PKV im Interesse ihrer Versicherten Einfluss auf Qualität, Mengen und Preise der ärztlichen Leistungen nehmen. Das würde – anders als manche Ärztevertreter befürchten – zu keinem „Preisdumping" führen. Denn eine auf transparenten betriebswirtschaftlichen Kostendaten basierende neue GOÄ würde logischerweise zugleich eine Untergrenze markieren, die nicht unterschritten werden könnte.

Überdies kämen Vereinbarungen zwischen PKV und Ärzteschaft schließlich nur zu Stande, wenn beide Seiten sie unterschreiben. Eine Öffnungsklausel würde also zu einem fairen Interessensausgleich zwischen den Ärzten und den Privatversicherten führen und böte insbesondere die Möglichkeit, höhere Qualität besser zu vergüten – in beiderseitigem Interesse. Nicht zuletzt wäre eine solche Verhandlungsmöglichkeit ein Ausdruck freiheitlicher Vertragsbeziehungen, wovor die Ärzte als Verfechter selbstbewusster Freiberuflichkeit eigentlich keine Scheu haben sollten.

# Die künftige strategische Positionierung von Krankenhäusern

*Jens Schick*

Die Sana Kliniken AG ist einer der führenden deutschen privaten Klinikkonzerne, mit einer überregionalen Präsenz an mehr als 50 Standorten in Deutschland. Aktionäre der Sana Kliniken AG sind die Unternehmen der privaten Krankenversicherung. Das Umsatzvolumen im Jahr 2011 beträgt circa 1,7 Mrd. Euro. Die wichtigsten Ergebniskennziffern sind in den letzten Jahren stets zweistellig gewachsen. Für Details wird auf die Geschäftsberichte der Sana Kliniken AG verwiesen.

## Künftige Herausforderungen im Gesundheitswesen

Die Krankenhausträgerstruktur in Deutschland verteilt sich auf öffentliche, freigemeinnützige und private Träger, wobei der Anteil der privaten Träger in den letzten Jahren stetig gestiegen ist.

Abbildung 1: Entwicklung der Krankenhausträgerschaft in Deutschland

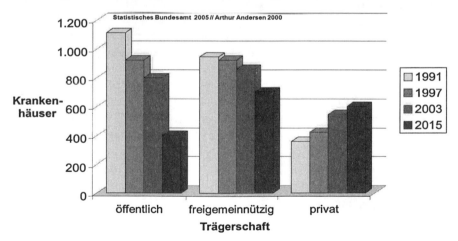

Die Krankenhauslandschaft in Deutschland befindet sich seit der Einführung der DRGs im kontinuierlichen Umbruch. Stetig steigende Kosten im Personal- und Materialbereich werden durch nahezu stagnierende Landesbasisfallwerte nicht refinanziert. Gleichzeitig ist im Rahmen der Dualen Finanzierung durch sinkende Förderquoten der einzelnen Bundesländer ein in Teilen dramatischer Investitionsstau entstanden. Die Länder kommen flächendeckend ihrem gesetzlichen Auftrag der Investitionsfinanzierung der Krankenhäuser nicht mehr in ausreichendem Maße nach.

Der strategische Anpassungsbedarf der einzelnen Klinik wird durch die geänderten Rahmenbedingungen immer größer. Die wachende Finanznot der öffentlichen Hand wird dazu führen, dass sich der Kosten- und Leistungsdruck weiter verschärft und die Investitionen aus Eigenmitteln erhöht werden müssen. Dieser zunehmende Investitionsbedarf ist ohne neues privates Kapital nicht zu finanzieren. Da vielen öffentlichen und kirchlichen Trägern der Zugang zu Kapital nicht oder nur unter ungünstigeren Bedingungen möglich ist, wird es vermehrt zu Privatisierungen kommen.


**Strategieansätze**

Die konzernübergreifende Bündelung und Optimierung von Prozessen ist einer der entscheidenden Erfolgsfaktoren der privaten Krankenhausträger.

Zentrales Element der wirtschaftlichen Steuerung ist die Ergebnis,- Liquiditäts-, Investitions- und Finanzplanung. Das Reporting der Kliniken erfolgt monatlich und quartalsweise, in unterschiedlicher Ausprägung. Auf dieser Datengrundlage werden den Kliniken  Benchmarks in Bezug auf Leistungs- und Kostendaten zur Verfügung gestellt. Maßstab für die unterjährige Steuerung ist die Mehrjahresplanung der einzelnen Kliniken, in der die Entwicklungsschritte abgebildet werden. Durch das zeitnahe Reporting ist ein frühzeitiges Eingreifen bei Fehlentwicklungen möglich und unabdingbar.

Die Synergien durch Konzernstrukturen sind vielfältig. Für das einzelne Krankenhaus ist es in der heutigen Zeit kaum noch möglich Expertenwissen in allen Bereichen vorzuhalten.

Abbildung 2:   Bündelung und Zentralisierung

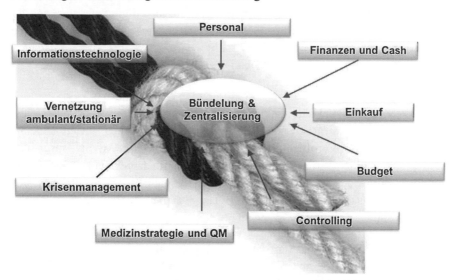

Im Bereich des zentralen Einkaufsverbundes werden die Beschaffungen der Kliniken gebündelt. Im Fokus der Bemühungen stehen die Interessen der Anwender, die ihr Expertenwissen zentral einbringen und sich auf verbindliche Konzernstandards einigen. Es entstehen Wettbewerbsvorteile durch bessere Produkt- und Artikelkenntnisse, Anwenderexpertise auf der einen Seite, Marktkenntnis und die Nähe zum Klinikalltag auf der anderen Seite. Es entstehen Skaleneffekte durch Produktstandardisierungen in den Bereichen der Medikamente, der Medizintechnik und der Implantate. Grundlage dazu ist eine konzerninterne Beschaffungsrichtlinie, die für alle Kliniken verbindlich einzuhalten ist.

Durch die zentrale Personalpolitik wird ein einheitliches Erscheinungsbild unserer Kliniken am Arbeitsmarkt gewährleistet. Die Personalgewinnung wird durch einheitliches Layout von Anzeigen und Auftritten professionalisiert. Grundlage des Personalmarketing ist die Arbeitgebermarke. Inhaltliche Schwerpunktthemen sind die Zertifizierung unserer Kliniken zum familienfreundlichen Krankenhaus und die Teilnahme an dem Wettbewerb Great Place to Work. Die Sana Kliniken AG hat mit dem Marburger Bund und Ver.di Konzerntarifverträge abgeschlossen, die eine einheitliche Vergütung unserer Mitarbeiter gewährleisten und ein entscheidender Wettbewerbsvorteil bei der Gewinnung von Fachpersonal sind. Um den Herausforderungen der Zukunft frühzeitig entgegen steuern zu können, beteiligen wir uns an der Entwicklung von neuen Berufsbildern und setzen diese in unseren Kliniken zielgerichtet ein. Wir beschäftigen Physician Assistants, Wundmanager, Schmerzmanager, Entlassmanager und Kodierfachkräfte und bilden diese in Teilen selber aus.

Unsere Kliniken sind häufig einer der größten Arbeitgeber vor Ort und stehen im Mittelpunkt des gesellschaftlichen Lebens. Wir sehen unsere Soziale Verantwortung als Verpflichtung und Bestandteil unserer Arbeit. Unser Ziel sind Krankenhäuser mit einem gelebten gesellschaftlichen Engagement. In 150 sozialen Projekten sowie mehr als 200 Gesundheits- und Präventions-programmen setzen wir uns für die Belange in der Region unserer Klinik-standorte ein.

Der ökonomische Druck auf die Leistungserbringer im Gesundheitswesen wird in allen Bereichen zunehmend stärker. Ein entscheidender Wettbewerbsfaktor ist die medizinisch pflegerische Kompetenz und Qualität in unseren Kliniken. Wir stellen unsere Leistungen proaktiv für alle zugänglich und transparent im Internet Portal Qualitätskliniken dar (www.qualitaetskliniken.de). Wir veröffentlichen Leistungszahlen, Indikatoren zur Patientensicherheit, Patientenbefragungen und Einweiserbefragungen. Unsere Kliniken sind alle nach KTQ zertifiziert und sind vielfältig Preisträger bei großen Umfragen der Krankenkassen. Wir befördern die Zentrenbildung und Vernetzung in unseren Kliniken und sind verlässlicher Partner für die niedergelassenen Kollegen in der Umgebung.

Die Rahmenbedingungen für alle Anbieter im Krankenhauswesen sind gleich. Der Steigende Kostendruck, bei nahezu gedeckelten Erlösen, die Heraus-forderungen des medizinischen Fortschritts, der Vernetzung, der steigenden Fallschwere und zunehmenden Investitionsbedarfe - bei sinkender öffentlicher Förderung - aus Eigenmitteln stellen die Krankenhäuser vor einen stetigen Anpassungsbedarf. Die Kliniken, die sich frühzeitig auf die steigenden Anforderungen und permanent geänderten Rahmenbedingungen einstellen und anpassen, werden dauerhaft erfolgreich sein. Konzernstrukturen sind ein wesentliches Element zur dauerhaften Sicherung und dem Ausbau der Marktposition.

# Bad Orber Gespräche 2011

*Joachim Bovelet*

Der Weg von einer politischen Entscheidung zu einem erfolgreichen kommunalen Klinikkonzern

Vivantes hat sich innerhalb von zehn Jahren von einem defizitären zu einem gesunden und leistungsfähigen Unternehmen entwickelt, das zuverlässig schwarze Zahlen schreibt. Entscheidende Erfolgsfaktoren waren neben der privatrechtlichen Organisation des Unternehmens die gute Zusammenarbeit von Politik, Geschäftsführung und Beschäftigten. Um die Herausforderungen der Zukunft besser meistern zu können, sollten kommunale Häuser auch über Ländergrenzen hinweg künftig enger kooperieren.

Es war seinerzeit ein ungewöhnlicher und gewagter Schritt, zu dem sich das Land Berlin 2001 entschlossen hat: Die neun defizitären städtischen Krankenhäuser wurden zu einer kommunalen GmbH zusammen gefasst. Sie wurden also privatwirtschaftlich organisiert, blieben aber zu 100% im öffentlichen Eigentum. Das widersprach völlig dem damaligen Zeitgeist, der den „Staat als Unternehmer" gescheitert sah. Spöttisch war auch vom „Gesundheitskombinat VEB Vivantes" die Rede. Viele Kommunen mit ähnlichen Problemen suchten damals ihr Heil in der Privatisierung ihrer öffentlichen Krankenhäuser und Versorgungsunternehmen. Berlin wagte unter einem rot-roten Senat im Gesundheitsbereich einen anderen Weg.

Aber auch als öffentliches Unternehmen hatte Vivantes sehr schmerzhafte Umstrukturierungen zu bewältigen, um ein wirtschaftlich erfolgreicher Konzern zu werden.

Zwei wesentliche Faktoren waren der Personalabbau - ohne betriebsbedingte Kündigungen - und ein Lohnverzicht der Beschäftigten. Anders wäre die Sanierung nicht gelungen. Mit dem Notlagentarifvertrag (2004-2008) verzichteten die nichtärztlichen Mitarbeiterinnen und Mitarbeiter auf Teile des Weihnachts- und Urlaubsgeldes sowie auf Gehaltssteigerungen. Auch mit dem Umstieg auf den TVÖD (Tarifvertrag Zukunft Vivantes ab 2009) waren noch Einschränkungen verbunden. Ab 2014 wird Vivantes wieder im vollen Umfang nach TVÖD bezahlen. Für die Ärzte wurde parallel ein gesonderter Firmentarifvertrag abgeschlossen.

Den laufenden Betrieb aus den roten Zahlen zu holen war schwierig genug. Die zuvor angehäuften Schulden einzelner Klinika aber hätten dem neuen Landesunternehmen beinahe noch das Genick gebrochen. 2004 konnte eine Insolvenz nur dadurch abgewendet werden, dass das Land Berlin den Konzern von seinen finanziellen Altlasten befreite. Zuvor gewährte Gesellschafter-darlehen in dreistelliger Millionenhöhe wurden in Eigenkapital umgewandelt und damit auch Kredite abgelöst, die vor der Konzerngründung aufgenommen worden waren.

Erst mit diesem Schuldenschnitt konnte Vivantes regelmäßig schwarze Zahlen in seiner Bilanz präsentieren.


## Entscheidende Erfolgsfaktoren

Zusammenfassend lässt sich sagen, dass Vivantes sich so gut entwickeln konnte, weil ein gutes Management rechtlich und wirtschaftlich eigenständiges handeln konnte, und weil Politik, Geschäftsführung und Beschäftigte an einem Strang gezogen haben. Es wurden nach strategischen Gesichtspunkten medizinische Schwerpunkte an einzelnen Standorten gebildet, die Kooperation der Klinika untereinander verbessert, der Netzwerkcharakter des Konzerns gestärkt. Vivantes hat damit bewiesen: wirtschaftlicher Erfolg eines Klinikkonzerns hängt nicht von Trägerschaft ab!

Die Herausforderungen für einen öffentlichen Krankenhausträger sind allerdings nach wie vor groß. Strukturentscheidungen werden bei Vivantes nicht nach rein betriebswirtschaftlichen Kriterien getroffen, sondern richten sich an den Versorgungsbedürfnissen der Berliner Bevölkerung aus. Auch in Bezug auf Beschäftigungsverhältnisse, Ausbildung und Arbeitnehmerrechte muss sich ein öffentliches Unternehmen an besonderen Maßstäben messen lassen – natürlich ohne dafür von den Krankenkassen höhere Fallpauschalen zu erhalten. Gleichzeitig sind die Länder und Kommunen immer weniger in der Lage ihre gesetzliche Pflicht zu erfüllen und die notwendigen Investitionsmittel zur

Verfügung zu stellen, um eine leistungsfähige und moderne Gesundheitsversorgung dauerhaft zu gewährleisten.

Um den medizinischen und wirtschaftlichen Erfolg von Vivantes zu erhalten, hat das Unternehmen im Oktober 2011 gemeinsam mit dem Berliner Senat und der Dienstleistungsgewerkschaft Ver.di eine Erklärung zur Zukunftssicherung von Vivantes abgegeben. Demnach wird das Land mindestens bis 2020 Alleineigentümer von Vivantes bleiben und für diesen Zeitraum auf Gewinnentnahmen aus dem Konzern verzichten. Außerdem erhält Vivantes einen Zuschuss zum Eigenkapital und darf zur Finanzierung seiner Investitionen Kredite am Kapitalmarkt aufnehmen. Das ist eine neue Situation, die Chancen ebenso wie Risiken birgt.

Das Unternehmen muss also Investitionen, die eigentlich vom Land finanziert werden sollten, künftig zu großen Teilen selbst in Form von Rendite erwirtschaften Vor diesem Hintergrund haben wir unsere Strukturen erneut auf den Prüfstand gestellt. Kapazitäten in den zentralen Diensten wie Verwaltung, Facility Management, Handwerksbetriebe, die üppiger ausgestattet sind, als branchenüblich werden mittelfristig verschlankt. Das bringt weitere schmerzhafte Veränderungen mit sich, die wir jedoch ohne betriebsbedingte Kündigungen bewältigen wollen. Das bedeutet aber auch, dass in den kommenden Jahren nur sehr maßvolle Tarifsteigerungen möglich sind.

**Kommunale Häuser müssen kooperieren**

Heute - mehr als 10 Jahre nach Gründung des Unternehmens - ist Vivantes bundesweit ein Beispiel für einen erfolgreichen kommunalen Krankenhausverbund. Vivantes ist mit seinen Erfahrungen ein gefragter Gesprächs- und Kooperationspartner bei anderen Kommunen, die ihre Krankenhäuser ebenfalls wirtschaftlich sanieren und betreiben wollen, um eine drohende Privatisierung abzuwenden. Ein Beispiel ist der Interimsvertrag zwischen Vivantes und dem Klinikum Offenbach, der mit einer Sanierungsempfehlung für Offenbach endete. Eine Zusammenarbeit - auch über Ländergrenzen hinweg - scheint dabei mittelfristig für die kommunalen Krankenhäuser eine vielversprechende Strategie zu sein. Nur durch eine engere

Kooperation haben die kommunalen Häuser der Marktmacht der privaten Ketten etwas entgegen zu setzen. Diese Chance sollten wir nutzen!

# Wirtschaftlichkeitsreserven in der Hilfsmittelversorgung

*Gerd Glaeske*

## Abstract

Schon seit vielen Jahren gehören Analysen der Arzneimittelversorgung zum Alltag in der Gesetzlichen Krankenversicherung (GKV). In unterschiedlicher Weise werden von verschiedenen Institutionen Daten über Ausgaben und Menge der verordneten Arzneimittel veröffentlich, meist in jährlichen Publikationen wie dem Arzneiverordnungs-Report (z.B. Schwabe/Paffrath 2011), dem BARMER GEK Arzneimittelreport (z.B. Glaeske et al., 2011) oder dem Arzneimittel-Atlas (z.B. Häussler et al., 2011). Dies mag wegen des Ausgabenumfangs und der vielfältigen Interventionsmöglichkeiten (von Rabattverträgen über Mehrwertverträge bis hin zur Unterstützung von Pharmakotherapiezirkeln) eine nachvollziehbare Begründung haben. Zudem hat der Wunsch nach Transparenz in diesem Markt frühzeitig zu verbindlichen Codierungs- und Erfassungssystemen geführt, die eine Darstellung der Arzneimittelversorgung vereinfachen und unter Berücksichtigung der erfassten ICD-10-Diagnosen auch Hinweise auf Über-, Unter- und Fehlversorgung ermöglichen.

Der Markt der Hilfsmittel war dagegen immer ein „Stiefkind" der Transparenz, obwohl dieses Marktsegment mehr und mehr auch unter Kosten- und Regulationsaspekten in den Mittelpunkt rückt. Darum beschäftigt sich der folgende Beitrag vor allem mit diesem Marktsegment, mit den Ausgaben, mit den Veränderungen in den letzten Jahren und mit den Notwendigkeiten gezielter Interventionen, um auch bei den Hilfsmitteln Transparenz von Menge, Art und Qualität der Versorgung herzustellen und, wo es notwendig erscheint, auch zu verbessern.

## Begriffsbestimmung und Hintergrund

Im Sinne des Sozialversicherungsrechts sind Hilfsmittel Gegenstände (z.B. Hörhilfen, Körperersatzstücke, orthopädische oder andere Hilfsmittel), die beeinträchtigte Körperfunktionen wiederherstellen, ersetzen, erleichtern oder ergänzen können. Der Versorgungsanspruch ist im SGB V, SGB IX und SGB XI festgeschrieben und kann darum zu Lasten der Krankenkasse, Pflegekasse oder eines anderen Rehabilitationsträgers erfüllt werden. Zu Lasten der Krankenkassen können Hilfsmittel eingesetzt werden, um eine Krankenbehandlung zu sichern, eine drohende Behinderung vorzubeugen oder eine Behinderung auszugleichen (§33, SGB V). Der Behinderungsausgleich wird unterschieden in einen unmittelbaren und einen mittelbaren Behinderungsausgleich. Ein Hilfsmittel, das zum unmittelbaren Behinderungsausgleich geeignet ist, soll – wie z.b. bei einer Prothese - eine verloren gegangene Organfunktion so gut es geht ersetzen und die Teilhabe am alltäglichen Leben ermöglichen. Hilfsmittel dienen dem mittelbaren Behinderungsausgleich, wenn sie nur indirekt den Ausgleich einer fehlenden Körperfunktion herbeiführen. Sie fallen auch dann unter die Leistungspflicht der gesetzlichen Krankenkassen, wenn sie benötigt werden, um Grundbedürfnisse des täglichen Lebens zu decken. Dieser unbestimmte Rechtsbegriff unterliegt dem Wandel gesellschaftlicher Verhältnisse und Anschauungen und umfasst neben Grundfunktionen wie z.B. Liegen, Sitzen, Sehen, Hören und der Nahrungsaufnahme auch erweiterte Grundbedürfnisse wie selbständiges Wohnen, Bewegungsfreiheit und Kommunikation (Kamps, 2009).

Der Rehabilitationsträger ist leistungsverpflichtet, wenn Hilfsmittel erforderlich sind, um eine drohende Behinderung vorzubeugen, den Erfolg einer Heilbehandlung zu sichern oder eine Behinderung auszugleichen (§31, SGB IX). Diese Überschneidung mit der Leistungspflicht der Krankenkassen kann in Streitfragen bezüglich der Zuständigkeit der Erstattung Nachteile der Versicherten mit sich bringen. Um das zu vermeiden, regelt der §14 SGB IX das Verfahren zur Zuständigkeitsprüfung. Demnach ist ein Träger verpflichtet, den Antrag auf Hilfsmittelversorgung innerhalb von zwei Wochen zu prüfen und dann ggf. an den verantwortlichen Leistungsträger weiterzuleiten oder die Versorgung einzuleiten und die Kosten beim verantwortlichen Leistungsträger zur Erstattung einzureichen.

Die Pflegekassen leisten die Versorgung mit Pflegehilfsmittel, die zur Erleichterung der Pflege, zur Linderung von Beschwerden des Pflegebedürftigen oder zur Ermöglichung einer selbständigen Lebensführung des Betroffenen beitragen (§40 SGB XI).

Der Versorgung im Rahmen des SGB V geht in der Regel eine ärztliche Verordnung voraus und sie basiert auf den vom Gemeinsamen Bundesausschuss verfassten Hilfsmittelrichtlinien, in denen neben der Verordnungsfähigkeit auch der angemessene und wirtschaftliche Einsatz von Hilfsmitteln geregelt wird. Die Verordnung von Hilfsmitteln ist nach §73 Abs. 2 SGB V Bestandteil der vertragsärztlichen Versorgung, ein genereller Arztvorbehalt, wie im §15 SGB V festgeschrieben, gilt nach aktueller Rechtsprechung jedoch nicht. Verordnende Ärzte haben auf die Notwendigkeit und Wirtschaftlichkeit der Hilfsmittelversorgung zu achten, gemäß den Hilfsmittelrichtlinien die entsprechenden Vordruckmuster zu verwenden und sollen dort neben der Diagnose eine möglichst genaue Bezeichnung des Hilfsmittels mit Anzahl und Hinweisen z. B. über Zweckbestimmung, Art der Herstellung, Material und Abmessungen vornehmen (G-BA, 2009).

Die von der Leistungspflicht der gesetzlichen Krankenversicherung umfassten Hilfsmittel werden gemäß §139 SGB V im Hilfsmittelverzeichnis gelistet. Seit dem 1.7.2008 ist der GKV-Spitzenverband für die Erstellung und Fortschreibung dieses Verzeichnisses zuständig, das wegen des Genehmigungsvorbehalts der Krankenkassen keine abschließende und verbindliche Positivliste darstellt. Das Hilfsmittelverzeichnis legt indikations- und einsatzbezogene Qualitätsanforderungen fest, die aus Funktionstauglichkeit, Sicherheit, besonderen Qualitätsanforderungen, medizinischem Nutzen, Produktinformationen und sonstigen Anforderungen bestehen. Die Gliederung erfolgt nach 33 Produktgruppen, in denen die Hilfsmittel mit einer zehnstelligen Positionsnummer nach Anwendungsort, Untergruppe, Produktart und Bezeichnung der Einzelprodukte gelistet sind. Pflegehilfsmittel werden analog in sechs Produktgruppen mit identischer Systematik aufgelistet.

Die meisten Hilfsmittel fallen unter das Medizinproduktegesetz (MPG), das 1995 in Kraft trat und die technischen, medizinischen und Informations-Anforderungen für das In-Verkehr-bringen von Medizinprodukten regelt. Produkte dürfen demnach nur in Umlauf gebracht werden, wenn sie über ein CE-Kennzeichen verfügen. Dieses Kennzeichen bescheinigt, dass Produkte die Anforderungen der EG-Richtlinien erfüllen. Die entsprechende Konformitätsbewertung erfolgt nach Risikoklassen (I für geringes Risiko bis III für hohes Risiko), wobei etwa 90% der GKV-finanzierten Hilfsmittel in Risikogruppe I fallen, in der Hersteller die EG-Konformitätserklärung ohne eine unabhängige Prüfung der Produktqualität selbst abgeben können.

Eine weitere Besonderheit bei der Hilfsmittelerbringung zu Lasten der Krankenkassen stellen die Festbetragsregelungen dar, die seit 2005 vom GKV-Spitzenverband bundesweit für bestimmte Produktgruppen festgesetzt sind und die Erstattungsobergrenze für entsprechende Hilfsmittel darstellen. Mehrkosten für Hilfsmittel, die über dieser Grenze liegen, müssen von den Versicherten selbst getragen werden. Zur Zeit gelten für die Produktgruppen Seh-, Hör- und Inkontinenzhilfen, Hilfsmittel zur Kompressionstherapie, Stoma-Artikel und Einlagen Festbetragsregelungen, die überhöhten Preisen entgegenwirken und somit ein Instrument zur Wirtschaftlichkeit darstellen sollen. Werden diese Festbeträge zu niedrig angesetzt, ist die Zumutbarkeit des Eigenanteils der Versicherten unter Umständen überschritten und die ausreichende Versorgung mit Hilfsmitteln nicht mehr gewährleistet. In Einzelfällen wurde bereits eine Rechtswidrigkeit der Festbeträge festgestellt, so in einem Urteil des Sozialgerichts Neubrandenburg vom 10.6.2008 (S 4 KR 7/07) und des Bundessozialgerichts vom 17.12.2009 (B 3 KR 20/08 R) zur Versorgung mit Hörgeräten.

Eine Ausnahme der Leistungspflicht der gesetzlichen Krankenkassen zur Hilfsmittelversorgung nach §33 SGB V besteht nach Urteilen des Bundessozialgerichts im Rahmen der vollstationären Pflege. Die Träger von Pflegeheimen haben dabei die für den übrigen Pflegebetrieb und zur angemessenen pflegerischen und sozialen Betreuung notwendigen Hilfsmittel bereitzustellen. Die Spitzenverbände der Krankenkassen haben im Jahr 2007 einen gemäß aktueller Rechtsprechung gültigen Abgrenzungskatalog erarbeitet, der eine Zuordnung der Hilfsmittel zu den möglichen Kostenträgern enthält und im Einzelfall zur Entscheidungsfindung herangezogen werden kann (Spitzenverbände der Krankenkassen, 2007). Demnach fallen in die Vorhaltepflicht der Pflegeheime unter anderem sämtliche Pflegehilfsmittel, Anzieh-, Ess-, oder Trinkhilfen, Gehübungsgeräte, Toilettenstühle, Krankenpflegeartikel und Mobilitätshilfen. Die Abgrenzung gilt als Entscheidungshilfe und kann nicht für jeden Versorgungsfall als allgemeinverbindlich und produktspezifisch herangezogen werden.

## Zur aktuellen Situation der Hilfsmittelversorgung

Schon viel zu lange werden nun schon Heil- und Hilfsmittel als eine Ausgabengruppe in den Leistungsstatistiken der Gesetzlichen Krankenversicherung (GKV) geführt. Dabei haben diese Bereiche jeweils für sich auffällige Ausgabensteigerungen während der vergangenen Jahre zu verzeichnen, die prozentualen Veränderungen liegen deutlich höher als bei anderen Ausgabenbereichen. Zusammengenommen wurden in der GKV im Jahre 2010 rund 10,5 Mrd. Euro ausgegeben, für Heilmittel wie Physiotherapie, Logopädie oder Ergotherapie 4,58 Mrd. Euro, für Hilfsmittel wie Einlagen, Rollstühle, Rollatoren oder Atemgeräte 6,01 Mrd. Euro. (siehe Abb. 1) Die Fortschritte bei den Hilfsmitteln und der Behandlungsbedarf für Patientinnen und Patienten in Gesellschaften längeren Lebens sowohl mit Hilfs-, aber auch mit Heilmitteln haben in den vergangenen Jahren zu diesen Kostensteigerungen geführt. Daher ist es an der Zeit und gerechtfertigt, die immer noch zusammen genannten Bereiche nun auch getrennt zu betrachten und zu analysieren. Hier wird im Folgenden die Hilfsmittelversorgung einer näheren Betrachtung unterzogen.

Abbildung 1: Ausgaben für einzelne Leistungsbereiche der GKV 2010 in Mrd. €

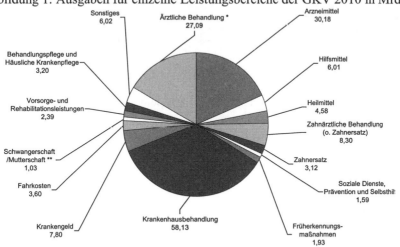

* Nicht berücksichtigt wurden die gezahlten Belege für Früherkennung, Impfungen, ehemals sonstige Hilfen und Dialyse-Sachkosten
** ohne stationäre Entbindung
Quelle: nach GKV-Spitzenverband, 2011

Betrachtet man die Gesamtausgaben der GKV für Leistungen in Höhe von 165 Mrd. Euro, so entfielen 3,7% auf die Hilfsmittel und 2,8% auf die Heilmittel. Der Anstieg der Ausgaben von Jahr zu Jahr ist unverkennbar: Zwischen 2004 und 2010 stiegen die GKV-Gesamtausgaben um 26,7% an, die Ausgaben für Heilmittel im gleichen Zeitraum um 26,4% und die Ausgaben für Hilfsmittel um 14,7%.

Abbildung 2: Ausgaben für Heil- und Hilfsmittel der GKV von 2004 bis 2010 in Mrd. Euro

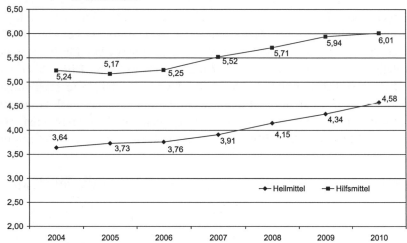

Quelle: eigene Darstellung, nach GKV-Spitzenverband, 2011

Die Ausgabensteigerungen bei den Hilfsmitteln sind auch an der Ausgaben pro Versichertem in der GKV abzulesen: Sie betrugen im Jahre 2004 noch etwa 75 Euro und sind bis zum Jahre 2010 auf etwa 87 Euro angestiegen, eine Steigerung im etwa 16% (siehe Abb. 3).

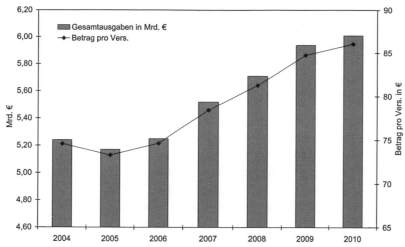

Diese Ausgabensteigerungen in der GKV spiegeln sich auch bei einzelnen Kassen wider. Die BARMER GEK veröffentlicht neben dem seit 12 Jahren eingeführten Arzneimittel-Report auch seit nun 6 Jahren einen Heil- und Hilfsmittel-Report, in dem personenbezogene Auswertungen nicht nur über Art Umfang der Heil- und Hilfsmittelversorgung Auskunft geben, sondern auch an Leitlinien orientierte Analysen zur Unter-, Über- und Fehlversorgung durchgeführt werden können. Dies ist schon deshalb keineswegs trivial und deutlich schwieriger als im Bereich der Arzneimittel, weil keinerlei verbindliche Codierungssysteme in diesem Heil- und Hilfsmittelbereich genutzt werden, ja, es gibt nicht einmal einheitliche Verordnungsblätter wie dies in der Arzneimittelversorgung mit dem sog. Muster-16-Rezeptvordruck üblich und verbindlich ist. Bei den Hilfsmitteln wird die Situation schon auf der Versorgungsebene dadurch verkompliziert, weil Hilfsmittel auch aus Apotheken bezogen werden können (z.B. Vorlagen bei Inkontinenz, Handgelenksriemen oder Blutzuckerteststreifen) und dann auf einem Muster-16-Rezept nach § 300 des SGB V abgerechnet werden, während Hilfsmittel z.B. aus Sanitätshäusern nach § 302 ohne verbindlichen Vordruck abgerechnet werden. Diese mangelnde Einheitlichkeit der Verordnungsdokumente ist sicherlich einer der Gründe, warum die GKV und einzelne Krankenkassen mit Ausnahme der früheren Gmünder ErsatzKasse (GEK) und jetzt der fusionierten BARMER GEK keine sonderlichen Anstrengungen unternommen haben, Transparenz in diesen ständig wichtiger werdenden Leistungsbereich zu bringen. Diese Transparenz bezieht sich sowohl auf Preise und Produkte wie auch auf die Versorgungsqualität für die Patientinnen und Patienten. In der Folgenden Darstellung werden daher u.a. Daten und Beispiele aus dem Heil- und Hilfsmittelreport 2011 (Kemper et al., 2011) genutzt, um einen Überblick über die Hilfsmittelversorgung zu geben, die in diesem Beitrag im Mittelpunkt stehen soll.

## Basisdaten zur Hilfsmittelversorgung in der BARMER GEK

Im Jahre 2010 wurden für die Versicherten der BARMER GEK insgesamt 666,3 Mio. Euro ausgegeben (+5,11% gegenüber dem Vorjahr, insgesamt 3,5% der Gesamtausgaben), für 100 versicherte Männer fielen 6.883 Euro an (+3,9%), für 100 versicherte Frauen 7.665 Euro (+1%) (siehe Abb. 4).

Abbildung 4: Ausgaben für die einzelnen Leistungsbereiche der BARMER GEK 2010 in Prozent

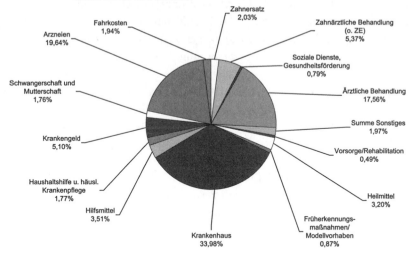

Bei den genannten Ausgaben der BARMER GEK für Hilfsmittel sind die Hilfsmittel aus Apotheken (z. B. Stützstrümpfe oder Bandagen) noch nicht eingeschlossen. Leistungsausgaben von Orthopädiemechanikern und Bandagisten machen dabei schon rund 53% der Ausgaben aus. Nur zum Vergleich: Auf die Versorgung mit Hörgeräten, die immer wieder als besonders teuer herausgestellt wird, entfallen lediglich 8,5%, auf die meist verordneten Hilfsmittel, auf Einlagen 8,6%. Der Anteil der BARMER GEK-Versicherten, die ein Hilfsmittelrezept erhalten haben, stieg von 17,7% im Jahre 2009 auf 18,2% im Jahre 2010. Knapp 500.000 Versicherte erhielten ein Rezept über Einlagen, die damit schon 29% der Leistungsversicherten ausmachen. Mehr als 320.000 Versicherte bekamen eine Bandage verordnet. Mit der höheren Anzahl Leistungsversicherter ist auch die Anzahl der Hilfsmittelrezepte deutlich gestiegen (+5,3%).

Mit zunehmendem Alter steigt auch der Hilfsmittelbedarf an und damit die Versorgungsprävalenz sowohl bei Männern wie auch bei Frauen, die mit Ausnahme von Kindern im Alter bis zu zehn Jahren einen vergleichsweise hohen Versorgungsbedarf aufweisen. Etwa jede zweite BARMER GEK-versicherte Frau im Alter über 80 Jahre erhält demnach innerhalb eines Jahres mindestens ein Hilfsmittel. Der Anteil leistungsversicherter Männer liegt in dieser Altersgruppe bei etwa 40%. Die Entwicklung der letzten Jahre zeigt allerdings eine Abnahme der Hilfsmittelversorgung für ältere Versicherte, während die Versorgungsprävalenz in den mittleren Altersgruppen (vor allem bei den 40- bis 50-Jährigen) kontinuierlich ansteigt. So ist der Anteil der 40- bis 49-jährigen Frauen mit Hilfsmittelversorgung von 2009 auf 2010 um fast 6% gestiegen, der Anteil der Männer in dieser Altersgruppe hat sogar um etwa 11% zugenommen. Die Versorgungsprävalenz nach Alter und Geschlecht ist in der Abbildung 5 dargestellt.

Abbildung 5: Versorgungsprävalenz mit Hilfsmitteln nach Alter und Geschlecht im Jahr 2010

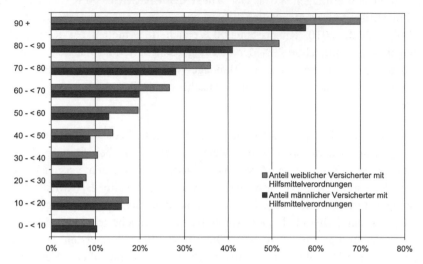

**Welche Hilfsmittel werden vor allem verordnet?**

Eine Auflistung der am häufigsten verordneten Produktgruppen bei den Hilfsmitteln zeigt die Einlagen mit weitem Abstand auf dem ersten Platz. Es folgen Bandagen und Hilfsmittel zu Kompressionstherapie, also vor allem Stützstrümpfe, die besonders häufig für Frauen verordnet werden (siehe Tabelle 1).

Tabelle 1:   10 Produktgruppen mit der höchsten Verordungsprävalenz und Ausgaben pro Leistungsversichertem nach Geschlecht im Jahr 2010

| Produktgruppe | Männer mit Hilfsmittelleistungen | | Frauen mit Hilfsmittelleistungen | |
|---|---|---|---|---|
| | Anteil in % | Ausgaben pro LV in € | Anteil in % | Ausgaben pro LV in € |
| 08 – Einlagen | 3,69 | 80,47 | 6,32 | 76,41 |
| 05 – Bandagen | 2,69 | 100,69 | 4,13 | 94,18 |
| 17 - Hilfsmittel zur Kompressionstherapie | 1,46 | 113,41 | 3,63 | 141,49 |
| 15 - Inkontinenzhilfen | 1,58 | 349,86 | 2,73 | 318,22 |
| 10 – Gehhilfen | 1,41 | 56,58 | 2,15 | 60,25 |
| 31 – Schuhe | 0,93 | 368,67 | 1,61 | 255,02 |
| 09 - Elektrostimulationsgeräte | 0,61 | 79,22 | 1,30 | 81,60 |
| 25 – Sehhilfen | 1,45 | 59,96 | 1,21 | 77,45 |
| 23 - Orthesen/Schienen | 0,76 | 412,72 | 1,19 | 308,89 |
| 18 – Kranken-/Behindertenfahrzeuge | 0,65 | 940,17 | 0,95 | 710,62 |

Neben geschlechtsspezifischen Differenzen sind auch regionale Unterschiede in der Hilfsmittelversorgung zu erkennen. Die höchsten Ausgaben pro Versichertem für Hilfsmittel entfallen auf die Bundesländer Sachsen, Nordrhein-Westfalen und Thüringen, wobei nur die Länder Bremen und Hamburg eine Zunahme von 2009 auf 2010 um mehr als 6% zu verzeichnen haben (siehe Abb. 6). Diese Differenzen sind am ehesten mit Unterschieden in der Alters- und Geschlechtsverteilung der Versicherten und mit Morbiditätsunterschieden zwischen den Bundesländern zu erklären. Die Ausgabendifferenzen können aber auch in unterschiedlichem Versorgungsverhalten der Leistungsanbieter begründet sein (insbesondere bei Verbrauchsmaterialien, die bisher vertraglich nicht durch pauschalierte Vergütungen geregelt sind).

Abbildung 6: Ausgaben für Hilfsmittel pro Versichertem 2009 und 2010 nach Bundesland

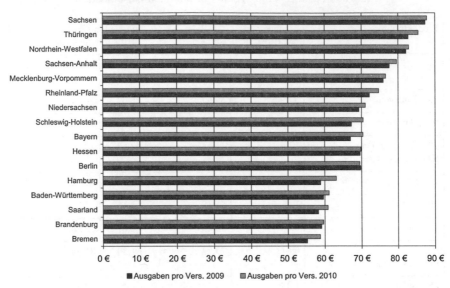

Bei einer Aufstellung darüber, bei welchen Hilfsmitteln die Ausgaben der BARMER GEK vor allem angefallen sind, so liegen Inhalations-und Atemgeräte weit vorne, aber auch für Einlagen muss die BARMER GEK auffällig hohe Summen zahlen (siehe Tab. 2).

Tabelle 2: Rangliste der <u>Ausgaben</u> für Hilfsmittelproduktgruppen aus dem HMV (TOP 10) für das Jahr 2010

| Rang 2010 | Produktgruppe | Ausgaben in € in 2010 | Ausgaben pro Versicherten in 2010 in € | Rang 2009 |
|---|---|---|---|---|
| 1 | 14 - Inhalations- und Atemtherapiegeräte | 72.686.379,82 | 8,01 | 1 |
| 2 | 15 – Inkontinenzhilfen | 66.857.998,21 | 7,37 | 2 |
| 3 | 18 - Kranken-/Behindertenfahrzeuge | 58.847.834,75 | 6,49 | 3 |

| 4 | 13 – Hörhilfen | 57.646.019,10 | 6,35 | 4 |
| 5 | 08 – Einlagen | 36.761.271,55 | 4,05 | 6 |
| 6 | 29 - Stomaartikel | 35.948.408,11 | 3,96 | 7 |
| 7 | 31 - Schuhe | 34.712.983,33 | 3,83 | 5 |
| 8 | 17 - Hilfsmittel zur Kompressionstherapie | 33.357.028,93 | 3,68 | 9 |
| 9 | 23 - Orthesen/Schienen | 31.251.186,34 | 3,44 | 10 |
| 10 | 05 - Bandagen | 30.827.878,84 | 3,40 | 8 |

**Einige Beispiel für Versorgungsanalysen**

*1. Einlagen*

Die höchste Verordnungsprävalenz entfällt auf Einlagen, bei den Ausgaben stehen sie mit 37 Mio. Euro auf dem fünften Rang. Der Bedarf und der Nutzen vieler Einlagenversorgungen bei Kindern werden aber durchaus in Frage gestellt. Unter dem Titel „Einlagen für Kinder: Nützlich, nutzlos, schädlich?" verweist ein Orthopädietechniker auf gravierende Fehler in Orthopädie-Lehrbüchern. So seien Versorgungsmöglichkeiten mit Einlagen aufgeführt, die bei den genannten Indikationen gänzlich schädlich seien (Reinhardt, 2003). Eine umfangreiche Studie bei Schulkindern unter 14 Jahren kam schon im Jahr 1999 zu dem Ergebnis, dass die Prävalenz von Fußdeformitäten wie dem Plattfuß bei 2,7% lag, dass jedoch 14,2% der Kinder mit Einlagen versorgt wurden (Garcia-Rodriguez et al., 1999). Die Autoren zogen daraus den Schluss, dass mit einem erheblichen Anteil der Einlagen ein unnötiger Kostenaufwand für das Gesundheitssystem verbunden ist. Einlagen stehen auch in der Hilfsmittel-versorgung der Kinder, die in der BARMER GEK versichert sind, bezüglich des Versorgungsanteils und der Kosten an erster Stelle. 4,9% der Kinder wurden mit Einlagen versorgt, ein objektiver Bedarf bei einem ärztlich diagnostizierten Plattfuß lag jedoch nur bei 1,3% der Kinder vor. Die Ergebnisse der Einlagenversorgung nach Alter und Geschlecht legen zudem nahe, dass vor allem erworbene Fußfehlstellungen den Anlass für die Verordnung darstellen, denn die Versorgungsprävalenz steigt deutlich mit jedem Lebensjahr und verdoppelt sich vom vierten bis zum 13. Lebensjahr.

Neben den alters- und geschlechtsspezifischen Auffälligkeiten sind auch regionale Unterschiede erkennbar. Die niedrigste Versorgungsprävalenz findet sich mit 3,7% in Baden-Württemberg, die höchste mit 7,6% in Mecklenburg-Vorpommern – Plattfüße, eine Krankheit des Nordens! (siehe Abb. 7) Die Gründe für diese deutlichen Differenzen dürften nicht allein in Morbiditäts-unterschieden zu finden sein, Diagnoseunsicherheiten und eine versuchsweise Verordnung von Einlagen dürften hinzukommen.

Bei den verordneten Hilfsmittelpositionen entfielen 40% auf Schaleneinlagen, die nach dem Hilfsmittelverzeichnis bei Kindern und Jugendlichen bis zum Wachstumsende indiziert sind. Allerdings wurden in 41% der Fälle Einlagen verordnet, die nach dem Hilfsmittelverzeichnis nicht für Kinder, sondern frühestens ab dem späten Jugendalter angezeigt sind. Über- und Fehlversorgung sind also nicht zu übersehen. Eine sorgfältige Diagnostik könnte möglicherweise bei 3,6% der Kindern(4,9% wurden versorgt, 1,3% hätten die Einlagen nach der codierten Diagnose gebracht) eine Versorgung mit Einlagen überflüssig machen – ein Einsparpotenzial ist in diesem Bereich unübersehbar.

Ein großer Anteil der verordneten Einlagen ist nach den Hilfsmittelrichtlinien nicht bei Kindern indiziert. Diese Einlagen mögen im Einzelfall angemessen sein, sie können jedoch auch der natürlichen Fußentwicklung des Kindes schaden und tragen damit zur Medizinisierung von Symptomen bei, die besser mit Bewegung und Sport „behandelt" würden.

Abbildung 7:  Versorgungsprävalenz von Einlagen für Kinder nach Gebieten
der Kassenärztlichen Vereinigung (KV)

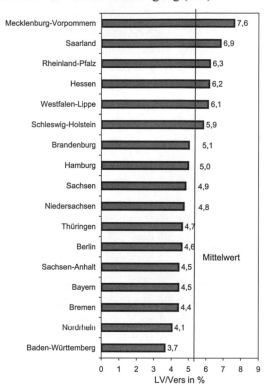

## 2. Inhalations- und Atemtherapiegeräte

Die höchsten Ausgaben für medizinische Hilfsmittel, die über die BARMER
GEK abgerechnet wurden, entfielen auf die Produktgruppen „Inhalations- und
Atemtherapiegeräte", die bei chronischen Erkrankungen der Atemwege wie z.B.
Asthma bronchiale, chronisch-obstruktiver Bronchitis oder Mukoviszidose
Anwendung finden. Diese Geräte werden zur häuslichen Inhalation von
Medikamenten eingesetzt. Neben diesen genannten Erkrankungen bekommt das
obstruktive Schlafapnoe-Syndrom (OSAS) als schlafbezogene Atmungsstörung
aufgrund steigender Erkrankungszahlen und der zunehmenden Erforschung ihrer
Pathogenese immer mehr an Bedeutung. Bleibt das OSAS unbehandelt, können

schwerwiegende zerebro- und kardiovaskuläre Folgeerkrankungen auftreten. Der Erkrankung steht eine wirksame und effektive Therapie mit einem CPAP-Gerät (Continous Positive Airway Pressure) gegenüber. Leitlinien empfehlen einheitlich den Einsatz von CPAP-Geräten als Mittel der Wahl. Ihre Wirksamkeit ist wesentlich von ihrem kontinuierlichen Einsatz abhängig. Die Analysen der BARMER GEK Daten zeigen, dass die Erkrankungsprävalenz der Schlafapnoe von 0,6% der Versicherten im Jahre 2004 auf 1,2% im Jahre 2009 angestiegen ist. Dabei wird deutlich, dass die Schlafapnoe vor allem eine Erkrankung des männlichen Geschlechts ist. Die höchste Erkrankungsrate liegt zwischen dem 40. und 70. Lebensjahr.

Die CPAP-Geräte gehören zu den Hilfsmitteln mit vergleichsweise hohen Anschaffungskosten. Im Jahr 2010 gab die BARMER GEK 40,3 Mio. Euro für CPAP-Geräte aus. Eine Untersuchung der Verordnung von CPAP-Geräten im Jahr der Neuerkrankung ergibt, dass nur 16 % der Neuerkrankten mit einem CPAP-Gerät versorgt werden und dass 2,2-mal mehr Männer als Frauen ein CPAP-Gerät erhalten.

Betrachtet man die Erkrankungsprävalenz differenziert nach dem Geschlecht, so wird deutlich, dass die Schlafapnoe vor allem eine Erkrankung des männlichen Geschlechts ist. Zu allen Messzeitpunkten liegt die Erkrankungs-prävalenz bei den Männern um das 4-fache höher als bei den Frauen. Die Erkrankungsprävalenz bei den Frauen über den Untersuchungszeitraum hinweg steigt allerdings auch an: Von 0,2 % auf 0,5 %.

Führt man die differenzierte Erkrankungsanalyse fort und betrachtet die Erkrankung in Abhängigkeit vom Alter, so wird deutlich, dass die Schlafapnoe eine Erkrankung des mittleren Lebensalters ist. Besonders häufig tritt sie in den Altergruppen 40 bis 70 Jahren auf.

Die CPAP-Geräte, die zur Behandlung der Schlafapnoe eingesetzt werden, gehören zu den Hilfsmitteln mit vergleichsweise hohen Anschaffungskosten. Ein CPAP-Gerät kostet im Durchschnitt zwischen 1.000 Euro und 5.000 Euro, die zugehörigen Masken verursachen Kosten von 125 bis 300 Euro (N.N., 2004). Wegen der rapide ansteigenden Erkrankungsprävalenz steigen auch die Ausgaben für CPAP-Geräte stark an. So wurden im Jahr 2004 für 2.324 Leistungsversicherte ca. 2,6 Millionen Euro aufgewendet. Die durchschnitt-lichen Kosten für ein CPAP-Gerät und das Zubehör lagen in diesem Jahr bei

1.113 Euro. Im weiteren Untersuchungsverlauf steigen die jährlichen Ausgaben: Im Jahr 2007 entfallen auf die CPAP-Geräte schon 5,4 Millionen Euro und schließlich 6,7 Millionen im Jahr 2008. Die Ausgaben nahmen folglich von 2004 bis 2008 um das 2,6-fache zu. Die durchschnittlichen Ausgaben pro Leistungsversichertem bleiben im Untersuchungszeitraum in einem Ausgabenspektrum von ca. 970 Euro bis 1.300 Euro relativ ähnlich. Nach der Vereinigung der BARMER und der GEK im Jahr 2010 konnten Kosten von 40,3 Mio. Euro für CPAP-Geräte und Zubehör ermittelt werden.

Der klare Anstieg der Erkrankungsprävalenz, der in der Literatur dargestellt wird, lässt sich auch in der vorliegenden Analyse wiederfinden. Eine Steigerung der Erkrankungshäufigkeit um 50 % innerhalb der sechs Untersuchungsjahre dokumentiert diesen Anstieg und macht die Relevanz einer effektiven und adäquaten gesundheitlichen Versorgung deutlich. Denn wesentliche Einflussfaktoren wie Alter und BMI werden sich zukünftig so entwickeln, dass ein weiterer Anstieg der Schlafapnoe-Erkrankten zu erwarten ist. Durch die wachsende Evidenz eines kausalen Zusammenhangs zwischen dem OSAS und Hypertonie, Infarkten sowie zerebralen Insulten erhält das Thema der Folgeerkrankungen des OSAS besondere Brisanz und Aktualität. Daher muss ein zukünftiges Augenmerk auf die frühzeitige Erkennung und zeitnahe Behandlung des OSAS gelegt werden – schließlich gibt es mit den CPAP-Geräten eine wirksame Therapie. Die Effektivität der Maßnahme ist wissenschaftlich gut belegt und wird von Leitlinien als Mittel der Wahl empfohlen. Allerdings muss darauf geachtet werden, dass die Geräte auch kontinuierlich angewendet werden – die Adhärenz lässt aber leider zu wünschen übrig. Die Ergebnisse zur Verordnung der CPAP-Geräte im Jahr der Neuerkrankung sind unter diesem Aspekt ernüchternd. Nur 16 % der neu Erkrankten erhalten ein CPAP-Gerät innerhalb eines Jahres nach Erstdiagnose. Besonders auffällig ist die Diskrepanz in der Versorgung zwischen Männern und Frauen – 2,2-mal mehr Männer als Frauen bekommen im Jahr der Inzidenz ein CPAP-Gerät. Bei diesen Angaben konnte jedoch keine Schweregradeinteilung der Schlafapnoe sowie eine exaktere Spezifizierung der Diagnose berücksichtigt werden. Trotz dieser Einschränkung deuten die Ergebnisse der Analyse auf eine Unterversorgung der Schlafapnoe-Erkrankten mit CPAP-Geräten hin. Die aktuelle Literatur betont sogar eine generelle Unterdiagnostik der Schlafapnoe, besonders bei Frauen. Zum Schluss lassen sich also folgende Anforderungen für eine künftige Versorgung zusammenfassen:

- Es sollte mehr Augenmerk auf die frühzeitige Erkennung und Prävention der Schlafapnoe begünstigenden Faktoren gelegt werden.
- Die Sensibilisierung für die Erkrankung der Schlafapnoe muss erhöht werden.
- Die Versorgung mit einem CPAP-Gerät im Jahr der Inzidenz erfolgt in einem nur sehr geringen Maße – dies gilt im besonderem für Frauen. Die gut untersuchte Wirksamkeit und Kosteneffektivität des Gerätes sollte daher vermehrt zu einem indikationsgerechten Einsatz führen, um Folgeerkrankungen zu vermeiden.
- Um die Wirksamkeit des CPAP-Gerätes auf Dauer zu gewährleisten, muss die Compliance in der Therapie verbessert werden.

**Was ist zu tun?**

Das Versorgungssegment ‚Hilfsmittel' setzt sich, wie die Beispiele zeigen, aus verschiedenen Teilmärkten zusammen und ist durch eine hohe Heterogenität gekennzeichnet. Mehr als andere Versorgungsbereiche wird die Hilfsmittelversorgung durch eine hohe Zahl von Verträgen mit Leistungs-anbietern auf der Verbandsebene und auf der Ebene der einzelnen Krankenkasse und durch eine schwierig zu überblickende Vertragslandschaft geprägt. Mit den Neuregelungen des GKV-Modernisierungsgesetzes im Hilfsmittelbereich verfolgte der Gesetzgeber das Ziel, das Vertragsprinzip auf Kassenebene zu stärken und zu ermöglichen, dass Versicherte bei gleicher Qualität zu niedrigeren Preisen versorgt werden. Der Umgang mit diesen Spielräumen sollte mit dem Ziel evaluiert werden, die Qualität und Effizienz der Hilfsmittelversorgung zu sichern. Bisher ist dies allerdings nicht konsequent geschehen.

Gemäß §139 SGB V können im Hilfsmittelverzeichnis nämlich indikations- oder einsatzbezogen besondere Qualitätsanforderungen für Hilfsmittel festgelegt werden. Diese sehen in vielen Fällen eine Herstellererklärung vor, die –wie im Fall von Rollatoren- auch die Parameter dosierbare Bremseinrichtung an den Hinterrädern mit Arretierung und Lenkbare Vorderräder. Eine unabhängige Qualitätsprüfung von Hilfsmitteln der Risikogruppe I, wie sie im Hilfsmittelverzeichnis gelistet sind, ist nicht vorgesehen. Dabei ergeben Prüfungen wie beispielsweise die Testberichte der Stiftung Warentest zum Teil erhebliche Mängel. Der Testbericht zu Rollatoren aus dem Jahr 2005 stellte bei 8 von 14 Rollatoren verbesserungswürdige Bremsen fest und vergab für die Wirksamkeit der Feststellbremse nur die Note „ausreichend" (N.N., 2005: 94f).

Seit 2010 erfolgt die Versorgung mit Hilfsmittel auf der Grundlage von Verträgen nach §127 SGB V zwischen Krankenkassen und Leistungserbringern. Diese können nur Vertragspartner der Krankenkassen sein, wenn sie die Voraussetzungen für eine ausreichende, zweckmäßige und funktionsgerechte Herstellung, Abgabe und Anpassung der Hilfsmittel erfüllen. Doch die Verträge sehen keine eigene Qualitätssicherung der Hilfsmittel vor. Vor diesem Hintergrund erscheint es wenig plausibel, dass die per Vertrag festgelegten Höchstpreise für Hilfsmittel, die keine orthopädietechnische Arbeit erfordert, über den Preisen des Versandhandels liegen. Im Vertrag der AOK Niedersachsen wird beispielsweise für einen Badewannenlifter der Höchstpreis auf 375 Euro festgelegt, während ein solches Hilfsmittel beim Diskounter Plus für 340 Euro zu beziehen ist. Für einen Rollator wird ebenfalls bei der AOK Niedersachsen die Versorgungspauschale für drei Jahre auf 85 Euro festgesetzt, während ein entsprechender Standardrollator beim Warenhaus real für 75 Euro erhältlich ist.

Noch mehr als in der Arzneimittelversorgung fehlt in der Hilfsmittelversorgung eine Infrastruktur, die eine Bewertung des Nutzens von Produkten mit Schlussfolgerungen zur Angemessenheit von Preisen bzw. Preisrelationen ermöglicht. Unter diesen Voraussetzungen wird die Gründung einer Task Force unterstützt, die sich aus Experten der Spitzenverbände der GKV, einzelner Krankenkassen und des Medizinischen Dienstes des Spitzen- verbandes Bund der Krankenkassen zusammensetzt und weitere Fachleute sowie Vertreter von Herstellern und Patienten fallweise einbezieht. Vorrangige Aufgaben dieses Gremiums wären Fragen der Qualitätssicherung, die Aktualisierung und Pflege des Hilfsmittelverzeichnisses und dabei vor allem die Bildung von Produktgruppen und Formulierung von Qualitätsstandards, die Verbesserung der Kalkulationsgrundlagen für Festbeträge und Versorgungs- pauschalen und die Wiederverwendbarkeit von Hilfsmitteln. Ergebnisse der Arbeitsgruppe, vor allem zur Methodik der Technologiebewertung (Health Technology Assessment, HTA) bei Hilfsmitteln, zur Aufnahme von Produkten in das Hilfsmittelverzeichnis und zur Kalkulation von Festbeträgen, sollten im Internet dokumentiert werden. Es sollten Verfahren entsprechend dem

Arzneimittelmarktneuordnungsgesetzes (AMNOG) mit einer Frühbewertung und Preisverhandlungen eingeführt werden, was allerdings voraussetzt, dass die Basis der verfügbaren Evidenz durch entsprechende Studien verbessert wird. Studien zum Nutzen von Hilfsmitteln fehlen nahezu gänzlich, ebenso Leitlinien für die Diagnostik und die sachgerechte Verordnung.

Die Richtlinienkompetenz des Gemeinsamen Bundesausschusses umfasst zwar die Verordnungsfähigkeit von Hilfsmitteln durch Vertragsärzte, aber nicht die Erstellung und Pflege des Hilfsmittelverzeichnisses. Da dem Bundesausschuss aber die Konkretisierung des im SGB V nur allgemein abgegrenzten GKV-Leistungskatalogs obliegt, sollte er in die Task Force einbezogen werden.

Die Bedeutung des Hilfsmittelverzeichnisses als des wichtigsten Instruments zur Strukturierung des Marktes und zur Erhöhung der Transparenz des Hilfsmittelangebots ist zu stärken. Die Krankenkassen, ihre Verbände und die Leistungsanbieter einschließlich des Handels und der Apotheken sollten das Hilfsmittelverzeichnis grundsätzlich zur Marktbeobachtung, in Vertragsverhandlungen, zur Abrechnung von Leistungen und für statistische Zwecke verwenden. Dabei ist zu prüfen, ob zur eindeutigen Bezeichnung von Produkten eine Erweiterung des Verzeichnisses um zusätzliche Ebenen sinnvoll ist, auch um eine Fehlnutzung von Hilfsmittelpositionsnummern zu unterbinden. Eine kontinuierliche Fortschreibung, Aktualisierung und Bereinigung des Verzeichnisses muss sichergestellt werden. Dazu kann auch eine zeitliche Befristung der Nutzung von Hilfsmittelpositionsnummern beitragen.

Das Hilfsmittelverzeichnis sollte außer um zusätzliche Produktinformationen schrittweise um die in § 128 SGB V bereits vorgesehenen Preisinformationen sowie um die bundesweit gültigen Festbeträge ergänzt werden. Im Falle deutlicher Preisvariationen können Preisspannen sowie Durchschnittswerte ausgewiesen werden.

Für Versicherte und ihre Ärzte sind über das Hilfsmittelverzeichnis und Recherchemöglichkeiten wie z. B. die Hilfsmitteldatenbank des REHADAT-Informationssystems hinaus noch weitere Informationsangebote zur Hilfsmittelversorgung zu entwickeln. Im Idealfall würde eine für alle an der Hilfsmittelversorgung interessierten Gruppen (vor allem Hersteller, Fachhandel, Versicherte und Angehörige, Selbsthilfe-, Patienten-, Behinderten- und Verbraucherverbände bzw. -einrichtungen, niedergelassene Ärzte, Krankenhäuser, Rehabilitations- und Pflegeeinrichtungen, Pflegedienste und *,home care'*-Unternehmen) über das Internet zugängliche qualitätsgesicherte Informationsbasis entstehen, die für unterschiedlich detaillierte Informationsnachfragen nutzbar ist und sowohl einen ersten Überblick ermöglicht als auch spezielle Informationen bereitstellt. Das Informationsangebot könnte sich auf Produkt- und Qualitätseigenschaften, Studienergebnisse, Praxis- und Testberichte, Preise, Festbeträge, die Selbstbeteiligung von Versicherten und besondere Angebote von Krankenkassen im Hilfsmittelmanagement erstrecken. Dabei sind prinzipiell ausländische Hersteller aus dem EU-Raum zu berücksichtigen, um Vorteile des gemeinsamen Marktes sowohl für Patienten bzw. behinderte Menschen als auch für die Versicherer zu nutzen. Mit einem derartigen Informationsangebot würden sich die Voraussetzungen für eine sachgerechte Entscheidungsfindung durch Ärzte, Versicherte und Krankenkassen und für eine effiziente Verordnungs- und Versorgungspraxis verbessern. In die Konzeption eines solchen Angebots sollten vor allem behinderte Menschen, verordnende Ärzte und Experten aus der Sozialversicherung einbezogen werden.

Die Krankenkassen sollten bei ihrer Vertragspolitik im Hilfsmittelbereich die folgenden Kriterien berücksichtigen:

- Orientierung an Produktgruppen und Qualitätsstandards im Hilfsmittelverzeichnis, prinzipiell Berücksichtigung des Kosten-Nutzen-Verhältnisses der Hilfsmittelversorgung an Stelle der reinen Anschaffungskosten und dabei Berücksichtigung des Instandhaltungs- bzw. Ersatzbeschaffungsaufwands,
- Sicherstellung einer qualifizierten Beratung, individuellen Anpassung von Hilfsmitteln und Betreuung von Versicherten in der Kalkulation von Festbeträgen, in Verträgen mit Hilfsmittelanbietern und im Rahmen der integrierten Versorgung,
- Vereinbarung von Versorgungspauschalen für definierte Zeiträume anstelle von (bzw. aufbauend auf) Festbeträgen vor allem dann, wenn Hilfsmittel individuelle Beratung und Anpassung bzw. Instandhaltung erfordern, wenn gebrauchte Hilfsmittel weiter verwendbar sind oder wenn innovative Wege des Hilfsmittelmanagements erprobt werden sollen, und
- Erstellung von Informationsangeboten für Versicherte über Produktcharakteristika, komplementäre Dienstleistungen wie Beratung und Anpassung, Distributionswege, Preise und Festbeträge sowie Versorgungs-

bzw. Hilfsmittelmanagementverträge der jeweiligen Krankenkasse u. a. im Internet.

Die ‚Heil- und Hilfsmittelreporte' der BARMER GEK stellen einen ersten Schritt dar, zeigt aber zugleich das Ausmaß der bestehenden Informationsdefizite auf.

Für Hilfsmittelverordnungen ist, wie auch generell für die Rehabilitation, weniger die medizinische Diagnose als die Klassifikation der Funktionsfähigkeit im Sinne der ICF ausschlaggebend. Dabei ist es wichtig, neben den Defiziten die Ressourcen und Lebensbedingungen des Patienten zu erfassen. Ärzte müssen über Kenntnisse der Funktionsfähigkeitsdiagnostik auf der Basis der ICF sowie der Effektivität von Hilfsmitteln und Heilmitteln verfügen. Die Verordnungsfähigkeit zumindest von aufwändigen Hilfs- bzw. Heilmitteln sollte an Qualifikations- und Fortbildungsnachweise geknüpft, die Begründung von Hilfsmittelverordnungen bei hochwertigen Produkten mit einer Nutzungsprognose verbunden werden. Zur Auswahl eines geeigneten Hilfsmittels kann auch eine Erprobungsphase beitragen.

Ärzte sollten sich in ihrer Aus- bzw. Weiter- und Fortbildung vertiefte Kenntnisse der Hilfsmittelversorgung aneignen. Um auch Angehörige nichtärztlicher Gesundheitsberufe, z. B. Absolventen von Berufsfachschulen, vermehrt wissenschaftlich zu qualifizieren und zur Forschung sowie Nutzung von Studienergebnissen zu befähigen, sollten Universitäten und/oder Fachhochschulen vermehrt berufsbegleitende Studiengänge einrichten. Dafür kommen u. a. Institute für Rehabilitationswissenschaften, Physikalische Medizin und Rehabilitation, Epidemiologie und Gesundheitswissenschaften in Betracht.

Schließlich sollte sich die Versorgungsforschung konsequent auch dem Hilfsmittelbereich zuwenden, damit auch dort, wie im Arzneimittelbereich, Transparenz geschaffen und in Publikationen auf Qualitätsdefizite sowie auf Unter-, Über und Fehlversorgung hingewiesen werden kann. Nur dann werden Bereiche für Wirtschaftlichkeitsreserven erkennbar und Möglichkeiten zur Effizienzoptimierung genutzt werden können.

*Literatur:*

Garcia-Rodriguez A, Martin-Jimenez F, Carnero-Varo M, Gomez-Gracia E, Gomez-Aracena J, Fernandez-Crehuet J (1999). Flexible flat feet in children: A real problem? Paediatrics 103(6).

G-BA – Gemeinsamer Bundesausschuss (2009). Richtlinie des Gemeinsamen Bundesausschusses über die Verordnung von Hilfsmitteln in der vertragsärztlichen Versorgung (Hilfsmittel-Richtlinie/HilfsM-RL). Verfügbar unter: http://www.g-ba.de/informationen/richtlinien/13/.

Glaeske G, Schicktanz C (2011) BARMER GEK Arzneimittelreport 2011. Asgard-Verlag. St. Augustin

GKV-Spitzenverband (2011) Kennzahlen der Gesetzlichen Krankenversicherung. www.gkv-spitzenverband.de/upload/GKV_Kennzahlen_ Q1_2011-07_Booklet_neu_17122.pdf (letzter Zugriff 25.4.2012)

Häussler B, Höer A, Hempel E (Hrsg.) Arzneimittel-Atlas 2011. Urban & Vogel. München

Kamps N (2009). Grundlagen der Hilfsmittel- und Pflegehilfsmittelversorgung. Regensburg: Walhalla Fachverlag.

Kemper C, Sauer K, Glaeske G (2011) BARMER GEK Heil- und Hilfsmittelreport 2011. Asgard-Verlag. St. Augustin

Niethard FU (2010). Kinderorthopädie. Stuttgart: Thieme-Verlag.

N.N. (2004) Mehr Luft fürs Herz. test. Zeitschrift der Stiftung Warentest. 5: 88-92

N.N. (2005) Mobil auf vier Rädern. test. Zeitschrift der Stiftung Warentest. 5: 90-95

Reinhard K (2003). Einlagen für Kinder: Nützlich, nutzlos, schädlich?. Orthopädietechnik 2:115-118.

Schwabe U, Paffrath D (Hrsg.) (2011) Arzneiverordnungs-Report 2011. Springer. Berlin, Heidelberg

Spitzenverbände der Krankenkassen (2007). Abgrenzungskatalog zur Hilfsmittelversorgung in stationären Pflegeeinrichtungen (Pflegeheimen). Verfügbar unter: http:// www.mds-ev.de/.../Abgrenzungskatalog-Hilfsmittel-Heime-2007.pdf.

# Rabattverträge als Mittel einer effizienten Arzneimitteltherapie

*Christopher Hermann*

## 1. Warum Rabattverträge?

Die grundsätzliche Möglichkeit für Krankenkassen, mit pharmazeutischen Unternehmen Arzneimittelrabattverträge abzuschließen, ist mittlerweile nicht mehr ganz neu; sie geht ins 10. Jahr. Eine entsprechende Option eröffnete der Gesetzgeber erstmals schon im Beitragssatzsicherungsgesetz (BSSichG) zum 01.01.2003.

Allerdings waren die strukturellen Rahmenbedingungen für entsprechende vertragliche Vereinbarungen zwischen Krankenkassen und pharmazeutischer Industrie noch denkbar ungeeignet. Es fehlte an Anreizen insbesondere für pharmazeutische Unternehmen, sich der gegenüber (gesetzlichen) Krankenkassen völlig neuen wettbewerblichen Herausforderung des Austrahierens von Preis und Menge zu stellen. Da die Krankenkassen nur sehr unzulänglich in die Lage versetzt wurden, die Menge der Abgabe eines bestimmten Präparates zugunsten eines pharmazeutischen Vertragspartners nachhaltig positiv zu beeinflussen, hatten pharmazeutische Unternehmen einstweilen auch kaum gesteigertes Interesse, Krankenkassen als neue Stakeholder zu akzeptieren.

## 1.1 Arzneimittelausgaben im Fokus

Trotz – oder gerade wegen – einer kaum noch überschaubaren Vielzahl von rechtlich verankerten Steuerungsinstrumenten im Arzneimittelsektor, deren teilweise kontradiktorische Wirkweise zunehmend augenfällig wurde, musste die Politik im Laufe des letzten Jahrzehnts zur Kenntnis nehmen, dass die Ausgabenentwicklung im GKV-Arzneimittelbereich kontinuierlich deutlich oberhalb der durchschnittlichen Entwicklung der Leistungsausgaben verlief. Allenfalls kurzfristig gelang durch administrativen Durchgriff, wie etwa den grundsätzlichen Ausschluss verschreibungsfreier Medikamente durch das Gesundheitsmodernisierungsgesetz (GMG) der Rot-Grünen Koalition 2003, eine Beruhigung der progressiven Ausgabendynamik.

Gleichzeitig wurde aber auch bewusst, wie sich die zunehmende Zahl von gesetzlichen Eingriffen mit dem Ziel einer effizienteren Steuerung des Arzneimittelsektors umgekehrt proportional zur tatsächlichen Entwicklung verhielt. Während etwa im Zeitraum 2005 bis 2010 die Ausgaben der gesetzlichen Krankenkassen für den Krankenhaussektor um 19,6% und diejenigen für den ambulanten ärztlichen Bereich um 23,1% stiegen, schnellten die Ausgaben für Arzneimittel um 29,1% in die Höhe. Die Ausgabendynamik im Arzneimittelbereich übertraf damit diejenige des Krankenhaussektors um fast die Hälfte und die im ambulant-ärztlichen Bereich um mehr als ein Viertel. In der Folge übertrafen in immer mehr Kassenärztlichen Vereinigungen die Arzneimittelausgaben der Krankenkassen die Werte für die Vergütungen niedergelassener Vertragsärzte und rückten an die zweite Stelle in der Ausgabenrange hinter die stationäre Krankenhausversorgung.

## 1.2    Intensivierung des Wettbewerbs

Politisch gelang es offensichtlich nicht, trotz eines ganzen Arsenals von administrativen und kollektivvertraglichen Regelungen, durchgreifend mehr Effizienz im Arzneimittelbereich zu realisieren. Auch die (selektivvertraglichen) Regelungen zu den Arzneimittelrabattverträgen, die grundsätzlich eine entsprechende Option eröffneten (vgl. § 130 a Abs. 8 SGB V i. d. F. bis 31.03.2007), waren nicht geeignet, alternative wettbewerbliche Steuerungsinstrumente im Arzneimittelbereich zu aktivieren. Die sich in den 80er-Jahren des letzten Jahrhunderts verfestigten Marktstrukturen sahen die pharmazeutischen Unternehmen in der dominanten Position, denen durch (neue) formale Regelungsbefugnisse für die Ausgabenträger (Krankenkassen) nicht beigekommen werden konnte. Im patentgeschützten Marktsegment diktierten die pharmazeutischen Unternehmen seit jeher die Erstattungspreise nach Gutdünken. Im sich neu etablierenden Bereich des Generikamarktes hatte sich ein anreiz- und marketinggetriebenes Hochpreisoligopol – beherrscht von den „großen Playern" – herausgebildet, das klar auf monetäre Ansprache sowohl gegenüber Ärzten (Produktmarketing, Praxissoftwaresysteme) als auch gegenüber Apotheken (Naturalrabatte und andere geldwerte Vorteile) setzte. Zudem gelang es in Deutschland den großen Herstellern von Nachahmerprodukten, anders als im europäischen Umfeld, die Patienten auf „branded Generics" zu fixieren.

Weiteres Element der Marktkonzentration im Generikabereich zugunsten der Großunternehmen (mit und ohne Konzernverbundenheit) bildete die zunehmende Preisfixierung aller wesentlichen Produkte knapp unterhalb der jeweiligen Festbeträge („Preisflöte"), gegen deren fortschreitende Betonierung klein- und mittelständische Unternehmen trotz günstigster Preise am Markt chancenlos blieben. Den Krankenkassen eröffnete sich im Wesentlichen alleine die Aussicht, diesen Scheinwettbewerb durch immer höhere Anteile an ihren Leistungsausgabenbudgets zu finanzieren.

Dies änderte sich erst mit den Regelungen des GKV-Wettbewerbsstärkungsgesetzes (GKV-WSG) vom 01.04.2007. Das GKV-WSG verschob die Anreizachsen im Geflecht der Akteure des Arzneimittelsektors grundlegend und – wie sich seitdem dokumentiert – auch nachhaltig. Die Option der Ausschreibung von Arzneimittelrabattverträgen durch Krankenkassen wurde zu einem schlagkräftigen wettbewerblichen Instrument ausgestaltet, insbesondere indem Apotheken verpflichtet wurden, untereinander austauschfähige Arzneimittelprodukte stets zugunsten der Angebote des kassenindividuellen Vertragspartners auf Seiten der pharmazeutischen Industrie zu substituieren (§ 129 Abs. 1 Satz 3 SGB V). Auf die produktbezogene Verordnung des Arztes kommt es insoweit nicht mehr an, es sei denn, er schließt die Substitution ausdrücklich durch entsprechende Kennzeichnung auf dem Rezept aus („Non Aut-idem").

Damit verlor die Apotheke im Bereich der Generika für die pharmazeutische Industrie nachhaltig an Attraktivität, da sie in der Substitution nicht mehr frei agieren kann. Auch die gezielte Manipulation von Arztinformationssystemen büßte im Kalkül der Pharmaunternehmen deutlich an Wert ein, da die konkrete Rezeptausstellung durch den Arzt allein über die Beeinflussung seines Verschreibungsverhaltens und die Einlösung des Rezepts in der Apotheke, den Produktabsatz im Einzelfall kaum noch fördern kann. Insgesamt kam es damit zu einer grundlegenden Umkehrung der bisherigen Anreizstrukturen in einen Wettbewerb um Preis (attraktive Rabattangebote pharmazeutischer Unternehmen für austauschbare Arzneimittel als „homogene Güter") und Menge (indikationsspezifische Versichertenpopulation der jeweiligen Krankenkassen), wie er in Abbildung 1 dargestellt wird.

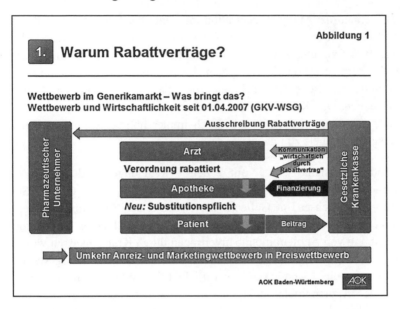

Die Effekte des damit etablierten Wettbewerbsinstrumentariums der vergaberechtlich untermauerten direkten Vertragsbeziehung zwischen Arzneimittelherstellern und gesetzlichen Krankenkassen können im Zeitablauf nur als phänomenal bezeichnet werden. Abbildungen 2 und 3 dokumentieren dies eindringlich am Beispiel des Blockbusters Bisoprolol und dessen Abrechnungsverteilung zu Lasten der AOK Baden-Württemberg sowohl zum Preisstand 15.12.2006 (Abb. 2) bzw. zum 15.12.2007 (Abb. 3), also nach Durchführung der ersten Arzneimittelrabattstaffel des AOK-Systems Anfang des Jahres 2007. Erstmals gelingt es dort bis zu diesem Zeitpunkt in Deutschland trotz günstigster Marktpreise völlig unbedeutenden Unternehmen, der „Preisflöte" der eingesessenen Player im Generikamarkt umfänglich Marktanteile abzunehmen. Dabei gilt es zu bedenken, dass in der ersten Arzneimittelrabattstaffel des AOK-Systems alle Oligopolisten die Ausschreibung (noch) boykottierten und damit die Etablierung des Instruments und dessen Effizienztest zu unterlaufen suchten.

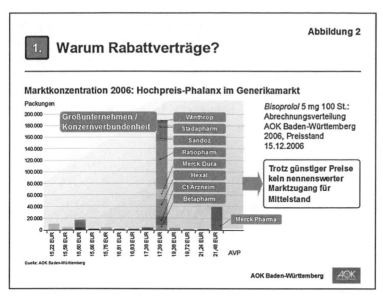

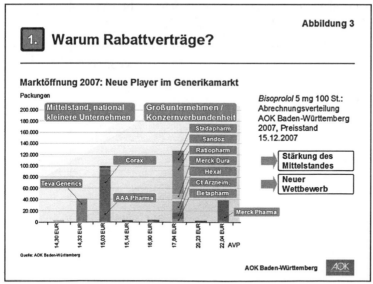

Mittlerweile ist das Instrument der Arzneimittelrabattverträge indessen im GKV-System fest etabliert. Alle größeren (und über Kooperationen kleineren) Krankenkassen organisieren periodisch entsprechende Arzneimittelausschreibungsrunden, die sich am europäischen Vergaberecht ausgerichtet gemäß der Regeln der §§ 97 ff. GWB abspielen. Das Vorreitersystem – die AOK-Gemeinschaft – konnte auf diesem Weg alleine im Jahr 2010 mehr als 600 Mio. EUR an direkten Einsparungen erzielen, die GKV gesamt mehr als 1,3 Mrd. EUR. Hinzu treten Struktureffekte in (geschätzt) nochmals gleicher Größenordnung, die durch die Fokussierung der wirkstoffbezogenen Abgabemengen aller anderen – hochpreisigen – Anbieter auf das im Wettbewerb erfolgreiche Produkt entstehen.

## 2.    Effizienz der Arzneimittelversorgung

Will eine Krankenkasse vor dem Hintergrund der gegebenen gesetzlichen Rahmenbedingungen eine effiziente Arzneimittelversorgung für ihre Versicherten mit organisieren, hat sie dabei die Märkte des patentgeschützten Bereichs auf der einen Seite und des patentfreien Bereichs auf der anderen Seite deutlich voneinander abgegrenzt zu bearbeiten. Abbildung 4 zeigt die wesentlichen Mechanismen auf.

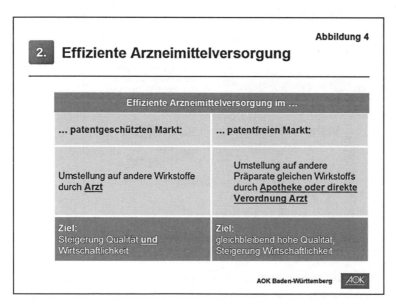

Während im patentfreien Markt eine Umstellung auf andere Präparate gleichen Wirkstoffs regelhaft durch den Apotheker oder auch direkt durch die Verordnung des Arztes im Wege des Non-Aut-idem-Rezeptes erfolgt, kann im patentgeschützten Marktsegment eine Umstellung auf alternative Produkte nur durch den Arzt selbst realisiert werden. Insoweit sind die strategischen Baustellen für eine Krankenkasse, erfolgreich Qualität und Effizienz in der Arzneimittelversorgung miteinander zu verbinden, auch deutlich unterschiedlich, je nachdem, ob der patentgeschützte oder der patentfreie Arzneimittelmarkt beeinflusst werden soll.

## 2.1  Patentgeschützter Markt

Die AOK Baden-Württemberg optimiert und organisiert seit mehreren Jahren durch eine zunehmende Anzahl von Selektivverträgen mit Partnern auf Seiten der freien Ärzteverbände gemeinsam die Versichertenversorgung wesentlich auch mit Hilfe einer effizienten Steuerung der Pharmakotherapie. Ausgehend von dem im Frühsommer 2008 mit dem Hausärzteverband Baden-Württemberg und dem MEDI-Verbund abgeschlossenen Hausarztvertrag („Hausarztzentrierte Versorgung", HzV nach § 73 b SGB V), der Ende 2008 für die Versicherten startete, wird dabei die qualitätsoptimierte Therapie durch eine mit Ärzten und Apothekern besetzte Arzneimittelkommission definiert. Nicht der Austausch von Produkten in der Apotheke steht im Fokus, sondern der niedergelassene Arzt, der das rabattierte patentgeschützte Präparat stets dann verordnen soll, wenn es der individuellen gesundheitlichen Situation des Patienten angemessen erscheint. Die Umsetzung der Empfehlungen der Arzneimittelkommission erfolgt durch entsprechende Unterstützung über die Praxissoftware des Arztes. Dabei bedienen sich die Vertragspartner einer abgewandelten simplen Ampellogik, die dem Arzt praxistaugliche Unterstützung in seinem rationalen Pharmakotherapieverhalten gibt.

Da sich die Empfehlungen der Arzneimittelkommission stets an Leitlinien und Best-Practise-Beispielen orientieren, führen entsprechende Rabattverträge zu qualitativ überlegenen Wirkstoffen auch tendenziell zu einer weiteren Effizienzsteigerung in der Versorgung.

## 2.2 Fallbeispiel Dialysevertrag der AOK Baden-Württemberg

Exemplarisch für dieses Vorgehen können anhand des Exklusivvertrages der AOK Baden-Württemberg für die Dialyseversorgung ihrer Versicherten Prozessgestaltung und Effizienz der skizzierten Grundstrukturen dargestellt werden.

Ausgangspunkt bildet hier das bewusste Absetzen von der GKV-Einheitsregelung, die ab 01.07.2002 ausnahmslos Wochenpauschalen bei der Dialyseversorgung einführte. Alle Krankenkassen in Deutschland haben sich einheitlich und gemeinsam dieser durch die damaligen Spitzenverbände der Krankenkassen und die Kassenärztliche Bundesvereinigung (KBV) ausgehandelten uniformen Vorgehensweise angeschlossen – mit Ausnahme der AOK Baden-Württemberg (und zeitweise der LKK Baden-Württemberg).

Kern der Regelung bildet eine Wochenpauschale pro Patienten zur Abgeltung aller periodisch notwendigen Dialysebehandlungen, die (mittlerweile) in der Höhe alters- und diabetesabhängig differenziert bezahlt wird. Zudem sind schließlich 2006 mit dem Inkrafttreten der Qualitätssicherungsrichtlinie Dialyse des Gemeinsamen Bundesausschusses (GBA) auch verschiedene Qualitätskriterien eingeführt worden, insbesondere die Vorgabe einer Mindestanzahl von Dialysen (drei pro Woche) und die Mindestzeitdauer pro Behandlungseinheit von vier Stunden.

Die AOK Baden-Württemberg hat sich von Beginn an dem nivellierenden Vorgehen der Bundesebene verweigert und eine eigenständige Vertragsgestaltung zur dauerhaften Sicherstellung einer qualitativ hochwertigen Dialysebehandlung für ihre Versicherten favorisiert. Vertragspartner sind hier auf Seiten der Ärzteverbände der Verbund Nephrologischer Praxen (VNP) Baden-Württemberg gemeinsam mit der (heutigen) Kassenärztlichen Vereinigung des Landes.

Anders als die zentralistische Einheitsregelung, die kassenseitig vom wesentlichen Motiv angestrebter erheblicher Kosteneinsparungen getrieben wurde, hat die AOK Baden-Württemberg stets erklärt, zur Dialysebehandlung ihrer Versicherten Finanzmittel in bisherigem Umfang weiterhin zur Verfügung stellen zu wollen, sofern entsprechend hochstehende Qualitätskriterien durch die beteiligten Nephrologen eingelöst werden. Im Jahre 2010 belief sich der damit einhergehende rechnerische Verzicht auf kurzfristige Wirtschaftlichkeitsvorteile auf 13,2 Mio. EUR bei Gesamtausgaben für Dialysepatienten von 194 Mio. EUR (Dialysebehandlung, Medikamentenversorgung, Fahrkosten, Krankenhausbehandlung). Während die Wochenpauschalen der bundesweiten Einheitsregelung die Behandlungspauschale (aktuell zwischen 504 EUR und 530 EUR je Woche) allein am Lebensalter und/oder behandlungsbedürftigem Diabetes festmachen, berücksichtigt die Preisgestaltung des AOK-Vertrages den speziellen Pflegeaufwand jeder einzelnen Behandlung eines dialysepflichtigen Patienten. Für Dialysepatienten ohne festgelegte Begleiterkrankungen (Standard-Dialyse-patienten) werden aktuell 179,50 EUR pro Behandlung und für Dialysepatienten mit hohem Pflegeaufwand und bedeutenden Komplikationen (Intensiv-Dialysepatienten) 200 EUR je Behandlung bezahlt. Erforderliche Sonderverfahren, wie Hämodiafiltration, Bicarbonatdialyse u. a., sind in diesen Preisen eingerechnet.

Die Leistungserbringer sind dabei verpflichtet zur Beachtung der Empfehlungen medizinischer Fachgesellschaften, ihnen obliegt auch eine Anzeigepflicht bei Unterschreiten der Mindestanforderungen von drei Behandlungen pro Woche mit einer Dialysedauer von mindestens vier Stunden. Sofern medizinisch angezeigt, wird jede einzelne Dialyse zu den genannten Preisen finanziert, wobei im Wochenrhythmus die Voraussetzung gilt, dass vorangegangene Dialysebehandlungen eine Dialysedauer von zwölf Stunden pro Woche (drei mal vier Stunden) erfüllt haben müssen. Zudem gibt es gesonderte Zuschläge bei der Durchführung einer Lange-Nach-Dialyse und für Infektionsdialysen. Im Kontext besondere Aufmerksamkeit verdient zudem die Verpflichtung der Vertragspartner, die einschlägigen Arzneimittelrabattverträge der AOK Baden-Württemberg zu bedienen. Des Weiteren gelten die Anforderungen, die speziellen AOK-Gesundheitsangebote zu unterstützen und sich an der (aufwändigen) Fahrkostensteuerung der Patienten aktiv zu beteiligen.

Das Vorgehen der AOK Baden-Württemberg stößt bei den dialysepflichtigen GKV-Versicherten in Baden-Württemberg seit Jahren auf eine äußerst positive Resonanz. Dies lässt sich unschwer an den stabil weit überproportionalen Zuwachsraten von Dialysepatienten im Verhältnis zum allgemeinen Versichertenanstieg der AOK Baden-Württemberg ablesen. Im Jahr 2010 waren im Südwesten bei einem Marktanteil der AOK Baden-Württemberg von gut

42% bereits 5.700 Dialysepatienten von landesweit insgesamt knapp 10.000 bei der AOK versichert.

Zur Validierung der tatsächlich erreichten Versorgungsqualität mit dem Exklusivvertrag hat sich die AOK Baden-Württemberg seit 2009 zunächst gemeinsam mit dem VNP BW und im Weiteren durch wiederholte Ansprache des GBA bemüht. Der GBA hat allerdings letztlich die Übermittlung von Qualitätssicherungsdaten aus dem Dialysesachkostenvertrag der AOK Baden-Württemberg im Vergleich mit Daten des kassenübergreifenden bundeseinheitlichen Wochenpauschalsystems trotz nachhaltigen Drängens der AOK Baden-Württemberg abgelehnt. Nach einjähriger Befassung mit der Thematik hat der GBA schließlich im Januar 2011 erklärt, hierzu bedürfe es einer grundsätzlichen Klärung durch den zuständigen Unterausschuss Qualitätssicherung, weshalb das Anliegen der AOK Baden-Württemberg „zur Zeit" nicht weiter verfolgt werden könne. Der angestrebte Vergleich AOK Baden-Württemberg hier, „Rest-GKV" bundesweit dort, konnte deshalb nicht realisiert werden.

Allerdings gelang es alternativ mit Hilfe der KV Baden-Württemberg, die vollständig vorliegenden Daten bezogen auf Baden-Württemberg der Qualitätssicherung Dialyse des Jahres 2010 durch den Datenanalysten Medical Netcare (MNC) auswerten zu lassen, so dass Vergleichswerte für die dialysepflichtigen Versicherten der AOK Baden-Württemberg auf der einen Seite (Interventionsgruppe) und der dialysepflichtigen Versicherten der anderen Krankenkassen in Baden-Württemberg auf der anderen Seite (Kontrollgruppe) insbesondere im Hinblick auf die jeweiligen Qualitätssicherungsparameter, namentlich die Prozessqualität und die Ergebnisqualität der Hämodialyse und auch zum Verbrauch von dialyserelevanten Arzneimitteln mittlerweile vorliegen.

Dabei zeigen etwa die Ergebnisse aus der Untersuchung der über die GBA-Richtlinie festgelegten Prozessqualität (mittlere Dialysedauer mindestens 240 Min. und mittlere Dialysefrequenz mindestens drei pro Woche) für die Hämodialysepatienten einen Vorteil von 13,2% für die Versicherten der AOK Baden-Württemberg im Hinblick auf den Anteil der Patienten, der die Prozessqualität erfüllt. Bei der Ergebnisqualität (Ermittlung aus den Prozessqualitätsparametern und Kt/V mindestens 1,2 g/dl und Hämoglobin mindestens 10 g/dl) ergibt sich ein Vorteil für die Versicherten der AOK Baden-Württemberg auf den Anteil der Patienten, der die Ergebnisqualität erfüllt hat, von 9,23%.

Damit wird deutlich, dass das risikoadjustierte Chancenverhältnis (Odds-Ratio) für das Erreichen der fixierten Werte der Prozess- bzw. Ergebnisqualität im Jahr 2010 für die versicherten Dialysepatienten der AOK Baden-Württemberg im Verhältnis zur „Rest-GKV" Baden-Württemberg deutlich vorteilhaft ausfällt. Insgesamt zeigt die Analyse, dass die Versicherten der AOK Baden-Württemberg von der Versorgung durch den Exklusivvertrag bei zentralen medizinischen Kernindikatoren der Qualität der Dialysebehandlung profitieren.

Dies gilt im Weiteren auch für den deutlich geminderten Pro-Kopf-Verbrauch an dialyserelevanten Arzneimitteln. Abbildung 5 dokumentiert den Verbrauch an definierten Tagesdosen (DDD) für zentrale dialyserelevante Wirkstoffe bei den AOK Baden-Württemberg-versicherten Dialysepatienten und den bei anderen Krankenkassen in Baden-Württemberg Versicherten. Für alle Wirkstoffe/Arzneimittel können signifikant niedrigere Werte bei AOK-Versicherten festgestellt werden, wie Abbildung 5 im Detail ausweist.

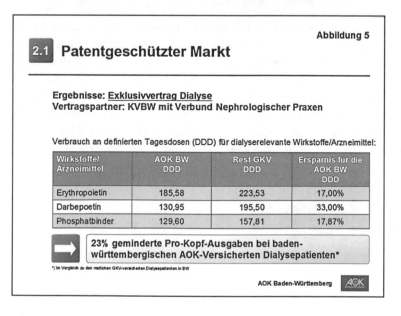

**Abbildung 5**

### 2.1 Patentgeschützter Markt

Ergebnisse: Exklusivvertrag Dialyse
Vertragspartner: KVBW mit Verbund Nephrologischer Praxen

Verbrauch an definierten Tagesdosen (DDD) für dialyserelevante Wirkstoffe/Arzneimittel:

| Wirkstoffe/ Arzneimittel | AOK BW DDD | Rest GKV DDD | Ersparnis für die AOK BW DDD |
|---|---|---|---|
| Erythropoietin | 185,58 | 223,53 | 17,00% |
| Darbepoetin | 130,95 | 195,50 | 33,00% |
| Phosphatbinder | 129,60 | 157,81 | 17,87% |

**23% geminderte Pro-Kopf-Ausgaben bei baden-württembergischen AOK-Versicherten Dialysepatienten***

*) Im Vergleich zu den restlichen GKV-versicherten Dialysepatienten in BW

AOK Baden-Württemberg

Die monetäre Bewertung der Arzneiausgaben führt zu dem Ergebnis, dass die Pro-Kopf-Ausgaben der AOK-versicherten Dialysepatienten im Vergleich zu den restlichen GKV-versicherten Dialysepatienten im Südwesten um fast ein Viertel niedriger liegen. Die Arzneimittelkosten pro Patienten im AOK-Selektivvertrag beliefen sich 2010 – ohne Berücksichtigung von vertraglich vereinbarten Rabatten – auf rd. 4.096 EUR, während sie ansonsten bei rd. 5.319 EUR lagen.

Werden darüber hinaus die Wirkungen der im Zusammenhang mit dem Dialysevertrag abgeschlossenen Arzneimittelrabattverträge in Ansatz gebracht, verändert sich das Bild zugunsten der AOK Baden-Württemberg nochmals erheblich. Die Vertragspartnerschaft mit der AOK Baden-Württemberg führt für die in Abbildung 6 dargestellten Produkte des pharmazeutischen Unternehmens zu exorbitant höheren Marktanteilen im Segment der AOK Baden-Württemberg gegenüber den weiteren Krankenkassen im Land. In der Folge verschiebt sich der ausgewiesene hohe finanzielle Vorteil zu Marktpreisen im Hinblick auf die Arzneimittelausgaben für Dialysepflichtige signifikant weiter zugunsten der AOK Baden-Württemberg.

Die dadurch insgesamt erreichten Ausgabensenkungen für Arzneimittel im Bereich der Dialyse gepaart mit der erfolgreichen Fahrkostensteuerung bei den Dialysepatienten der AOK Baden-Württemberg ermöglichen dauerhaft auch unter den Bedingungen des morbiditätsorientierten Risikostrukturausgleichs (Morbi-RSA) die vertragliche Qualitätsausrichtung der AOK Baden-Württemberg. Die dabei gebrauchte „Zauberformel" lautet: qualitätsorientierte Versorgungssteuerung mit Hilfe effizienter Arzneimitteltherapie in eigenständiger (selektivvertraglicher) Verantwortung.

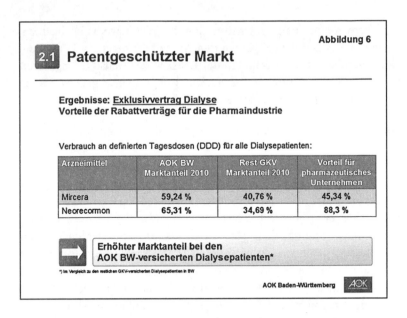

**Abbildung 6**

**2.1  Patentgeschützter Markt**

Ergebnisse: <u>Exklusivvertrag Dialyse</u>
Vorteile der Rabattverträge für die Pharmaindustrie

Verbrauch an definierten Tagesdosen (DDD) für alle Dialysepatienten:

| Arzneimittel | AOK BW Marktanteil 2010 | Rest GKV Marktanteil 2010 | Vorteil für pharmazeutisches Unternehmen |
|---|---|---|---|
| Mircera | 59,24 % | 40,76 % | 45,34 % |
| Neorecormon | 65,31 % | 34,69 % | 88,3 % |

**Erhöhter Marktanteil bei den
AOK BW-versicherten Dialysepatienten\***

*) Im Vergleich zu den restlichen GKV-versicherten Dialysepatienten in BW

AOK Baden-Württemberg

## 2.3  Patentfreier Markt

Auch im Bereich der patentfreien Arzneimittel verfolgt die AOK Baden-Württemberg das Ziel, durch eine verstärkte Direktverordnung von Rabattpräparaten durch den Arzt, der an Selektivverträgen teilnimmt, die Quote für die Abgabe rabattierter Arzneimittel möglichst optimal zu gestalten. Hier kommt freilich die oben dargestellte Substitutionspflicht der Apotheke hinzu, die grundsätzlich gehalten ist, das vertraglich gebundene Pharmazeutikum bevorzugt abzugeben.

Als Ergebnis von mittlerweile sechs Arzneimittel-Rabattrunden lässt sich festhalten, dass das einstige Oligopol marktbeherrschender Pharmaunternehmen deutlich zurückgedrängt werden konnte. Der Marktanteil der TOP 3-Unternehmen bezogen auf den Umsatz aller AOKs zum Apothekenverkaufspreis (AVP) sank von über 43% im Jahr 2008 auf unter 38% im Jahr 2011. Mittlerweile sind mehrere Dutzend pharmazeutische Unternehmen Rabatt-vertragspartner des AOK-Systems. Auch nach mehreren Ausschreibungsrunden lässt sich durch die Gleichstellung von kleineren und mittleren Unternehmen mit etablierten Konzernen eine stetige Intensivierung des Wettbewerbs beobachten. Das Exklusivvertragsmodell der AOKs bei den Ausschreibungen fördert zudem die Compliance der Patienten, da während der Laufzeit des Rabattvertrages von jeweils zwei Jahren eine Umstellung zwischen grundsätzlich gleichwertigen Präparaten durch die Apotheke ausgeschlossen wird.

Die erneuten Rechtskorrekturen durch das Arzneimittelmarkt-Neuordnungsgesetz (AMNOG) zum 01.01.2011 haben an dieser Entwicklung im Ergebnis nichts geändert. Der neue Absatz 2 des § 69 SGB V ordnet insbesondere für Arzneimittelrabattverträge die entsprechende Anwendung des gesamten Gesetzes gegen Wettbewerbsbeschränkungen (GWB), also insbesondere auch des Kartellverbots (§ 1 GWB) an, und zudem ist die Zuständigkeit für vergaberechtliche Streitigkeiten im Anschluss an Entscheidungen von Vergabekammern von der Sozialgerichtsbarkeit (Landessozialgerichte) auf die Zivilgerichtsbarkeit (Oberlandesgerichte) verschoben worden. Der nachhaltigen Durchsetzung der Arzneimittelrabattverträge am Markt haben diese gesetzlichen Änderungen indessen nicht zuletzt aufgrund des mittelstandsorientierten Ausschreibungsdesigns des AOK-Systems (mittlerweile Aufteilung der Wirkstoffe in 8 Gebietslose) keinen Abbruch getan.

Insbesondere in Bezug auf die Umsetzung von Arzneimittelrabattverträgen im Zusammenhang mit den Selektivverträgen der AOK Baden-Württemberg im Hausarzt- und Facharztbereich zeigt sich, dass die Abgabe rabattierter Arzneimittel bei den mehr als einer Million Versicherten innerhalb der HzV mittlerweile um mehr als ein Viertel oberhalb der Quote für Versicherte in der Regelversorgung liegt. Wie sich aus Abbildung 7 ableiten lässt, leisten die Rabattverträge damit einen wesentlichen Beitrag zur Finanzierung der angemessenen Honorierung der niedergelassenen Ärzte innerhalb der Selektivvertragswelt der AOK Baden-Württemberg.

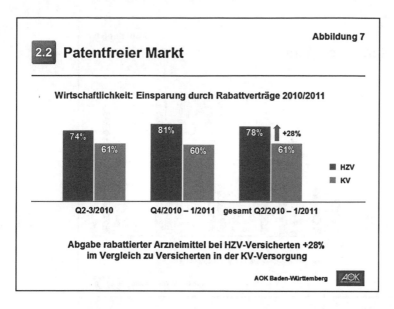

**Abbildung 7**

**2.2 Patentfreier Markt**

Wirtschaftlichkeit: Einsparung durch Rabattverträge 2010/2011

Abgabe rabattierter Arzneimittel bei HZV-Versicherten +28% im Vergleich zu Versicherten in der KV-Versorgung

AOK Baden-Württemberg

Dagegen von interessierter Seite immer wieder erhobene Vorwürfe, mit den Arzneimittelrabattverträgen würde ein (funktionierender) Wettbewerb zwischen den Generikaherstellern tendenziell zunichte gemacht, da sich Ausschreibungsverlierer tendenziell vom Markt zurückzögen, bestehen den Praxistest nicht. Wie Abbildung 8 am Beispiel des Blockbusters Clopidogrel ausweist, hatte der Start der Rabattverträge des AOK-Systems zu diesem Wirkstoff am 01.10.2010 keinerlei negativen Einfluss auf die Zahl der Anbieter von entsprechenden Generikaprodukten. Im Gegenteil stieg die Zahl der pharmazeutischen Unternehmen mit entsprechenden Arzneimitteln am Markt auch nach dem Rabattvertrag unvermindert weiter an. Dies verwundert bei verständiger Sicht auf die Marktgegebenheiten auch nicht, da entsprechende Verträge in einem quasi rollierenden Verfahren durch verschiedene Krankenkassen oder Krankenkassenverbände immer wieder ausgeschrieben werden und das AOK-System selbst im Frühjahr 2012 bereits die erneute Vergabe für Clopidogrel zum Herbst 2012 vorbereiten muss.

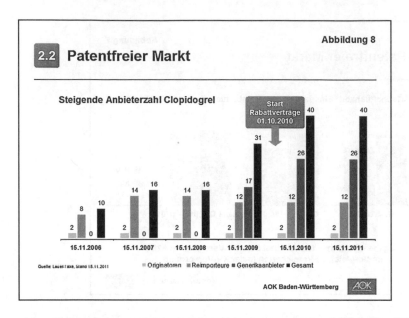

Abbildung 8

**2.2 Patentfreier Markt**

Steigende Anbieterzahl Clopidogrel

Start Rabattverträge 01.10.2010

Quelle: Lauer-Taxe, Stand 15.11.2011

Originatoren ■ Reimporteure ■ Generikaanbieter ■ Gesamt

AOK Baden-Württemberg

Im Ergebnis kann im Frühjahr 2012 für die AOKs im Bereich der Arzneimittelrabattverträge insgesamt eine konsolidierte Situation konstatiert werden. Alle aktuell wettbewerblich und ökonomisch interessanten Wirkstoffe und Wirkstoffkombinationen sind durch Rabattverträge gebunden. Damit sind rund 70% der gesamten Generikaumsätze des AOK-Systems (rund 4 Mrd. EUR Bruttoumsatz) umfasst. Für insgesamt 180 Wirkstoffe der Rabattstaffeln AOK V bis AOK VII bestehen mehr als 1.330 Einzelverträge mit mehreren Dutzend pharmazeutischen Unternehmen über exklusive Vertragsbeziehungen.

## 3. Fazit

Arzneimittelrabattverträge bilden mittlerweile nicht lediglich ein Mittel, sondern das zentrale Mittel für eine effiziente Arzneimittelsteuerung im Wettbewerb. Ohne effiziente Arzneimitteltherapie ist eine rationale Versorgungssteuerung bei der hohen Affinität zwischen medizinischer Behandlung und Pharmakotherapie insgesamt nur schwer vorstellbar.

Weite Teile der pharmazeutischen Industrie haben diese Zusammenhänge mittlerweile erkannt und versuchen sie zunehmend für ihre unternehmenspolitischen Ziele mit zu nutzen. Damit eröffnen sich weitere Handlungsfelder für innovative Krankenkassen im Bereich der Entwicklung selektivvertraglicher Optionen. Die AOK Baden-Württemberg wird dabei ihren bisherigen Weg konsequent weiter verfolgen.


Literatur: Beim Verfasser.

# Die Aufgaben des G-BA im Rahmen des AMNOG

*Rainer Hess*

Die Frühbewertung von Arzneimitteln als Instrument der Ausgabensteuerung ist nicht neu. Anders als in anderen EU-Mitgliedstaaten, die mit einer als „4. Hürde" bezeichneten Systemzugangsbewertung die Erstattungsfähigkeit von Arzneimitteln von einer vorangehenden Nutzenbewertung abhängig machen, bleibt in Deutschland der an die arzneimittelrechtliche Zulassung gekoppelte freie Zugang zum GKV-System erhalten. Auch Arzneimittel mit neuen Wirkstoffen oder mit neuen Anwendungsgebieten bleiben nach ihrer arzneimittelrechtlichen Zulassung vom Tage des Inverkehrbringens durch den Hersteller vertragsärztlich zu Lasten der GKV verordnungsfähig, und zwar zu dem vom Hersteller festgelegten Arzneimittelabgabepreis, abzüglich der gesetzlich in § 130a SGB V festgelegten Preisabschläge.

Die durch das AMNOG eingeführte frühe Nutzenbewertung ordnet daher den pharmazeutischen Unternehmer nicht als Antragsteller in einem Verfahren auf Zugang zum GKV-System ein. Dies hätte ein nach klassischen Rechtsregeln durchzuführendes Verwaltungsverfahren zur Folge gehabt, in dem Rechte und Pflichten schon durch die gesetzlichen Vorgaben des SGB X klar geregelt gewesen wären. Das AMNOG überlässt es vielmehr dem eigenen Interesse des pharmazeutischen Unternehmers auf Anerkennung eines Zusatznutzens und damit eines vereinbarten höheren Preises für sein neu in den Verkehr gebrachtes Arzneimittel mit neuem Wirkstoff bzw. einem neu zu gelassenen Anwendungsgebiet, ob und in welcher Studienqualität er dem G-BA ein Dossier zur Nutzenbewertung einreicht. Dabei kann sich der pharmazeutische Unternehmer aber durch Nichtstun der Bewertung seines Produktes durch den G-BA nicht entziehen. Vielmehr gilt dann, nach erfolgloser Aufforderung durch den G-BA, ein Zusatznutzen als nicht belegt; die Folgen ergeben sich aus dem Gesetz (s. u.3.). Neue Arzneimittelwirkstoffe können in Deutschland daher nicht mehr nur für den freien Markt in den Verkehr gebracht werden, es sei denn es erfolgt eine ausdrückliche Freistellung von der Bewertungspflicht durch den G-BA (s.u. 2.). Im Gegenteil, die auch im Falle des Nichtstuns erfolgende Festsetzung eines Rabattes auf den Abgabepreis gilt auch für privat Versicherte. Die neue Frühbewertung nach dem AMNOG hat daher weitreichende Konsequenzen für die pharmazeutische Industrie, die nicht auf das GKV-System und den deutschen Markt begrenzt sind, sondern den Weltmarkt tangieren, weil Deutschland für viele andere Länder Referenzpreis-Land ist. Das allein ist der Grund, warum einige pharmazeutische Unternehmer zur Zeit zögern, ihre Produkte in Deutschland in den Verkehr zu bringen.

## 1. Ziel und Zweck der Nutzenbewertung

Im Vordergrund der Zielsetzung des AMNOG steht die Ermittlung des therapeutischen Wertes eines Arzneimittels als Grundlage für Erstattungsvereinbarungen nach § 130b SGB V. Dabei geht es nicht um den Wert (Nutzen) des Arzneimittels an sich, sondern um den Mehrwert (Zusatznutzen) gegenüber der bereits verfügbaren bisherigen Standardtherapie (zweckmäßige Vergleichstherapie). Der Grund für diese vergleichende Bewertung liegt auf der Hand. Nur wenn und soweit ein neuer Arzneimittelwirkstoff einen Zusatznutzen gegenüber der bisher anerkannten Behandlung hat, darf die Versichertengemeinschaft mit zusätzlichen Kosten belastet werden. Diese aus dem SGB V abgeleitete Rechtfertigung einer Ermittlung des Mehrwertes des neuen Arzneimittels für die Versicherten stößt zumindest in der Anfangsphase auf Schwierigkeiten, weil für die Zulassung eines Arzneimittels zum Markt nach dem AMG der Nachweis der Wirksamkeit ausreicht, der gerade keine auf Überlegenheit angelegten Zulassungsstudien erfordert. Die im Zeitpunkt des Inkrafttretens des AMNOG häufig allein verfügbaren Zulassungsstudien sind daher häufig nicht oder nur unzureichend auf den Nachweis eines Zusatznutzens gegenüber einer Vergleichstherapie angelegt. Im weiteren Fortgang der Verfahren wird sich dieses Problem entschärfen, weil sich pharmazeutische Unternehmer frühzeitig auf die Anforderungen des AMNOG einstellen können und der G-BA ausdrücklich beauftragt ist, auch vor Beginn von Phase III Studien eine Beratung insbesondere zur Auswahl der zweckmäßigen Vergleichstherapie anzubieten und daran die Zulassungsbehörde zu beteiligen.

Das AMNOG schafft aber nicht nur eine Bewertungsplattform für die (Erstattungs-)Preisfindung von Arzneimitteln. Insbesondere die frühe Bewertung neuer Arzneimittelwirkstoffe soll vielmehr auch zu einer Verbesserung von Effektivität und Effizienz der Arzneimittelversorgung beitragen. Der Nutzenbewertungsbeschluss des G-BA wird als Bestandteil der

Arzneimittelrichtlinie veröffentlicht. Er informiert damit die Vertragsärzte etc. zeitnah nach dem Inverkehrbringen eines neuen Wirkstoffs zum Zusatznutzen und zu dessen Ausmaß, zu den Therapiekosten im Verhältnis zur zweckmäßigen Vergleichstherapie, zur Anzahl der Patienten bzw. Abgrenzung der für die Behandlung in Frage kommenden Patientengruppen und zu den Anforderungen an eine qualitätsgesicherte Anwendung. In einem Gesundheitssystem, in dem als Folge des nach wie vor freien Marktzugangs für zugelassene Arzneimittel eines der Hauptprobleme die Intransparenz des Arzneimittelmarktes ist, sind derartige Informationen ein wesentlicher Beitrag zur Verbesserung von Qualität und Wirtschaftlichkeit der Versorgung.

## 2. Anforderungen an den Nachweis des Zusatznutzens

Zum Zeitpunkt des Inverkehrbringens (in der VerfO des G-BA gleichgesetzt mit der Eintragung in die Lauer-Taxe) hat der pharmazeutische Unternehmer für seinen Wirkstoff ein umfassendes Dossier einzureichen. Ihm obliegt es, darin einen von ihm geltend gemachte Zusatznutzen und dessen Ausmaß insbesondere durch klinische Studien zu belegen; dafür trägt allein er die volle Darlegungs- und Begründungslast. Den G-BA trifft hierfür keine eigene Amtsermittlungs- pflicht. Aus diesem Grunde ist in der Verfahrensordnung des G-BA die Struktur des vom Hersteller einzureichenden Dossiers verpflichtend vorgegeben. In der kurzen Zeit von drei Monaten für die Nutzenbewertung bedarf es einer derart strukturierten Aufbereitung, damit der pharmazeutische Unternehmer sicher sein kann, dass seine Argumente auch vollständig gewürdigt werden und das IQWiG davon ausgehen kann, dass sich die jeweilige Argumentation des Herstellers zum Beispiel zum Ausmaß eines geltend gemachten Zusatznutzens für ein bestimmtes Anwendungsgebiet an der dafür im Dossier bestimmten Stelle findet. Der pharmazeutische Unternehmer muss auch die Sicherheit haben, dass von ihm einzubringende Studienprotokolle im gesamten Verfahren geheim gehalten bleiben und insbesondere nicht mit dem Dossier veröffentlicht werden. Deswegen gibt es ein Modul 5 in dem Dossier, das derartige geheimhaltungspflichtige Unterlagen enthält, die nur mit Zustimmung des Herstellers in der zu veröffentlichenden Nutzenbewertung verwandt werden dürfen.

G-BA und IQWiG gehen bei ihrer Bewertung von Arzneimitteln primär von der Zulassung und der darauf basierenden Fachinformation sowie – soweit verfügbar - den Bewertungsberichten der EMA aus. Dies gilt insbesondere für die Festlegung der zweckmäßigen Vergleichstherapie. Insoweit hat es Schwierigkeiten gegeben, weil aus der Zulassung nicht immer die Relation zwischen einer firstline und einer second- oder thirdline Therapie hervorgeht und weil die Zulassungsbehörde ihrerseits für die Zulassung Vergleichsprodukte akzeptiert hat, die für einen großen Anteil der Indikation des neuen Wirkstoffes ein nicht durch Studien belegter nach deutschem Recht unzulässiger off label use waren.

Ergänzend zu den Zulassungsunterlagen sind vom Hersteller alle verfügbaren klinischen Studien vorzulegen. Insbesondere unter Heranziehung dieser Studien muss der pharmazeutische Unternehmer einen von ihm geltend gemachten Zusatznutzen gegenüber der zweckmäßigen Vergleichstherapie belegen. Dabei kann es in dem der Nutzenbewertung idR vorausgehenden Beratungsgespräch zu unterschiedlichen Auffassungen zwischen dem pharmazeutischen Hersteller und Vertretern des G-BA zur Auswahl der zweckmäßigen Vergleichstherapie kommen. Der pharmazeutische Unternehmer ist rechtlich auch nicht an die ihm in Abstimmung mit dem Unterausschuss Arzneimittel und dem IQWiG mitgeteilte zweckmäßige Vergleichstherapie gebunden. Erst durch die abschließende Nutzenbewertungs-Entscheidung des G-BA erfolgt deren rechtsverbindliche Festsetzung. Bleibt der pharmazeutische Unternehmer in dem von ihm vorzulegenden Dossier bei seiner abweichenden Auffassung, muss sich das IQWiG in seiner Bewertung damit auseinandersetzen und ggf. begründen, warum es an der dem pharmazeutischen Unternehmer mitgeteilten Vergleichstherapie für seine Nutzenbewertung festhält. Der pharmazeutische Unternehmer ist deswegen gut beraten, sich in seinem Dossier hilfsweise auch mit dieser Vergleichstherapie auseinanderzusetzen und soweit möglich einen Zusatznutzen auch auf dieser Grundlage zu belegen.

Die Nutzenbewertung durch das IQWiG erfolgt auf der Grundlage der international anerkannten Kriterien der evidenzbasierten Medizin, wobei wegen des frühen Zeitpunktes der Bewertung und einer deswegen ggf. noch unvollständigen Studienlage nach den gesetzlichen Vorgaben und den ergänzenden Regelungen der Verfahrensordnung des G-BA auch die Wahrscheinlichkeit eines eintretenden Zusatznutzens zu bewerten ist. Nach

Maßgabe der vom IQWiG beschlossenen Methodik (Version 4.0) wird deswegen je nach Studienqualität und Wahrscheinlichkeit eines Nutzennachweises bei einer positiven Bewertung differenziert in den Beleg eines Zusatznutzens, einen Hinweis auf oder einen Anhaltspunkt für einen Zusatznutzen im jeweiligen Anwendungsgebiet. Entsprechend dem gesetzlichen Auftrag wird zusätzlich zu diesen Feststellungen nach den vorgegebenen Kriterien der AM-NutzenV zum Ausmaß eines Zusatznutzens eine Zuordnung als erheblicher, beträchtlicher, geringer oder nicht quantifizierbarer Zusatznutzen vorgenommen. Das IQWiG hat insoweit zur Erhöhung der Transparenz und Nachvollziehbarkeit für seine erste Bewertung eine Kategorisierungssystematik entwickelt, die jedoch vom G-BA bisher nicht übernommen wurde, sondern zunächst in einem gemeinsam mit dem IQWiG durchgeführten Experten-Workshop auf ihre generelle Anwendbarkeit auch für künftige Bewertung geprüft werden soll. Kommt das IQWiG zu dem Ergebnis, dass kein Zusatznutzen oder sogar ein geringerer Zusatznutzen gegenüber der zweckmäßigen Vergleichstherapie belegt werden kann, stellt es auch dies in seiner Empfehlung an den G-BA fest. Der G-BA ist rechtlich an die Nutzenbewertung durch das IQWiG nicht gebunden und kann mit Begründung davon abweichen.

Für orphan drugs (Arzneimittel gegen seltene Erkrankungen) enthält das AMNOG die gesetzliche Fiktion eines belegten Zusatznutzens, die nur dann aufgehoben wird, wenn mit dem Arzneimittel ein Umsatz in der vertragsärztlichen Versorgung von mehr als 50 Millionen Euro erzielt wird. Auch für orphan drugs muss aber ein Dossier eingereicht und das Ausmaß des Zusatznutzens belegt werden.

Der pharmazeutische Unternehmer kann für einen neuen Arzneimittelwirkstoff vor Inverkehrbringen einen Antrag auf Freistellung von der Nutzenbewertung gegenüber dem G-BA stellen, wenn er glaubhaft machen kann, dass mit dem neuen Arzneimittel kein höherer Umsatz in der vertragsärztlichen Versorgung als 1 Million Euro zu erwarten ist. Relevant ist diese Freistellungsmöglichkeit insbesondere für neue Arzneimittelwirkstoffe, die so gut wie ausschließlich in der stationären Behandlung eingesetzt werden, da für die für die Berechnung dieses Betrages ausschließlich die Umsätze aus vertragsärztlichen Verordnungen maßgebend sind.

## 3.    Mehrstufiges Verfahren

Die Frühbewertung nach dem AMNOG vollzieht sich in fünf in ihrer Abfolge, Zeitdauer und Entscheidungsstufen festgelegten Teilschritten. Vorgelagert war eine Übergangsphase für bis zum 30.09.2011 in den Verkehr gebrachte neue Wirkstoffe; für sie bestand zunächst die Möglichkeit einer bis zu dreimonatigen Beratung zu den Anforderungen an das Dossier und daran anschließend eine dreimonatige Möglichkeit der Anpassung des Dossiers. Für das unmittelbar nach Jahresbeginn 2011 eingereichte erste Dossier begann die Nutzenbewertung somit erst Anfang Juli. Deswegen wird die erste Bewertungsentscheidung durch den G-BA auch erst in seiner Sitzung am 15.12.2011 erfolgen und wird die erste Verhandlungsrunde zur Vereinbarung eines Erstattungsbetrages auch erst Mitte Juni 2012 abgeschlossen sein. Dies ergibt sich aus dem folgenden Zeitplan:

1. Mit der Dossiereinreichung bzw. dem Ablauf der Übergangsfrist beginnt eine dreimonatige Frist für die Nutzenbewertung. Der G-BA kann sie selbst durchführen oder das IQWiG oder Dritte damit beauftragen. Er hat generell das IQWiG beauftragt, es sei denn, der neue Wirkstoff lässt sich einer bestehenden Festbetragsgruppe zuordnen oder ein Zusatznutzen scheidet bereits aus formalen Gründen wegen unterbliebener, verspäteter oder unvollständiger Dossiereinreichung aus. Die Nutzenbewertung erfolgt auf der Grundlage der gesetzlichen Vorgaben der Verfo des G-BA und der wissenschaftlichen Methodik des IQWiG nach den international anerkannten Grundsätzen der evidenzbasierten Medizin. Vergleichs-maßstab für die Bewertung eines Zusatznutzens ist die vom G-BA nach Maßgabe der AMNutzenV und der VerfO festgestellte zweckmäßige Vergleichstherapie. Auch das Ausmaß eines ggf. festgestellten Zusatz-nutzens ist nach den Kriterien der AMNutzenV gegenüber der zweckmäßigen Vergleichstherapie zu bewerten. Mit Abschluss der Nutzenbewertung wird sowohl das Dossier des pharmazeutischen Unternehmers (ausgenommen geheimhaltungspflichtiger Studienprotokolle etc.) als auch die Nutzenbewertung des IQWiG durch den G-BA im Internet veröffentlicht.

2. An die erste Phase der Nutzenbewertung schließt sich ein Stellungnahmeverfahren einschließlich einer mündlichen Anhörung der schriftlich Stellung nehmenden Unternehmen, Institutionen und

Organisationen an. Es ist vom G-BA durchzuführen und auszuwerten; spätestens drei Monate nach Abschluss der ersten Phase ist durch den Nutzenbewertungsbeschluss des G-BA die Bewertungsphase abzuschließen. In seinem ebenfalls veröffentlichten Abschlussbericht setzt sich der G-BA mit der Nutzenbewertung des IQWiG, den dazu schriftlich eingegangenen Stellungnahmen, dem als Wortprotokoll festgehaltenem Ergebnis der mündlichen Anhörung auseinander und begründet, die von ihm getroffene Entscheidung.

3.  In der dritten sechsmonatigen Zeitphase verhandelt der pharmazeutische Unternehmer mit dem GKV-Spitzenverband auf der Grundlage der Ergebnisse der Nutzenbewertung über einen Erstattungsbetrag, der den Mehrwert des Zusatznutzens für die Qualität der Versorgung angemessen abbilden soll („value for money"). Hat der G-BA auf dieser Grundlage der Nutzenbewertung des IQWiG einen Zusatznutzen verneint, bilden die Jahrestherapiekosten der zweckmäßigen Vergleichstherapie die Obergrenze des verhandlungsfähigen Erstattungsbetrags.

4.  Kommt eine Einigung über den Erstattungsbetrag nicht zustande, entscheidet die von den Verbänden der pharmazeutischen Industrie und dem GKV-Spitzenverband gebildete gemeinsame Schiedsstelle innerhalb weiterer drei Monate über die Festsetzung des Erstattungsbetrages. Dabei soll sie die Höhe des tatsächlichen Abgabepreises in anderen europäischen Ländern berücksichtigen. Der Schiedsspruch wirkt auf den Zeitpunkt des beginnenden 13. Monats nach Inverkehrbringen zurück. Klagen gegen den Schiedsspruch haben keine aufschiebende Wirkung.

5.  GKV-Spitzenverband und pharmazeutischer Unternehmer können nach einem Schiedsspruch gem. beim G-BA eine Kosten-Nutzen-Bewertung (KNB) nach § 35b SGB V beantragen. Sie unterscheidet sich von der vorher durchgeführten Nutzenbewertung durch eine erweiterte Einbeziehung von Kostenfaktoren in einen Vergleich zwischen Nutzen und Kosten eines Arzneimittelwirkstoffes und eine damit ermöglichte Bewertung des Gesamtnutzens eines Arzneimittels. Um die Basis für diese Bewertung zu verbessern, kann der G-BA mit dem pharmazeutischen Unternehmer die Erstellung einer Versorgungsstudie vereinbaren, die auf Kosten des Unternehmers durchzuführen ist und deren Ergebnis in die KNB eingeht. Die Studiendauer soll dabei drei Jahren nicht überschreiten. Das Verfahren zur KNB und dessen Dauer lässt den Fortbestand des festgesetzten Erstattungsbetrages unberührt; erst das vom G-BA

beschlossene Ergebnis eröffnet ggf. eine erneute Erstattungsbetrags-Vereinbarung.

Sowohl der pharmazeutische Unternehmer als auch der G-BA kann bei veränderter Grundlage jedes Jahr ein neues Bewertungsverfahren in Gang setzen. Der G-BA kann auch für Arzneimittel des Bestandsmarktes ein Bewertungsverfahren veranlassen und zwar vorrangig für solche, die für die Versorgung von Bedeutung sind oder mit Arzneimitteln im Wettbewerb stehen, für die eine Nutzenbewertung erfolgt ist. Der Gesetzgeber ist bei der Beschlussfassung des AMNOG davon ausgegangen, dass durch die aufgrund der Nutzenbewertung erfolgenden Erstattungsbetrags-Vereinbarungen oder -Festsetzungen ab 2014 in etwa Einsparungen für das GKV-System in einer Größenordnung entstehen, wie sie durch die dann erfolgte Rückführung des Sonderrabatts von 16 vH auf 6 vH entfallen. Ohne Einbeziehung des Bestandsmarktes ist dieses Einsparziel nicht zu erreichen.

## 4. Abschließende Bewertung

Neben der bewährten Festbetragsregelung für vergleichbare Fertigarzneimittel wird mit der frühen Nutzenbewertung neuer Arzneimittelwirkstoffe ein weiteres Steuerungsinstrument der Arzneimittelversorgung geschaffen, das seine Bewährungsprobe als „lernendes System" noch bestehen muss, dass sich aber mit an Sicherheit grenzender Wahrscheinlichkeit im deutschen Gesundheits-system fest etablieren wird. Größere Veränderungen durch den Gesetzgeber könnten sich durch Einführung einer 4. Hürde, Verlagerung des Zeitpunktes einer Kosten-Nutzen-Bewertung und Einbeziehung von orphan-drugs in die Nutzenbewertung ergeben. Im Übrigen muss sich das Verfahren aber in einem lernenden Prozess ggf modifiziert durch Rechts- und Verfahrensordnung möglichst ohne permanente Eingriffe des Gesetzgebers entwickeln können. Wegen der sich für die Einbeziehung des Bestandsmarktes ergebenden Probleme einer Vielzahl einzubeziehender Anwendungsgebiete und auszu-wertender Studien bedarf es einer Systematisierung des Verfahrens zur Gewährleistung von Rechtssicherheit und Transparenz. Der Einstieg sollte (und muss meines Erachtens) mit denjenigen Wirkstoffgruppen erfolgen, in denen neue Wirkstoffe in Verkehr gebracht werden. Die Erwartung einer Erstattungs-preisangleichung über den Wettbewerb und das Wirtschaftlichkeitsgebot müsste durch eine entsprechende Ausgestaltung der Verfahrensbeteiligung ausdrücklich zum Ausdruck gebracht werden.

# Das AMNOG aus Sicht der pharmazeutischen Industrie

*Tobias Gantner*

Sein oder nicht sein, das ist die Frage – Shakespeare

Dass es tatsächlich eine Frage des Fortbestehens der pharmazeutischen Industrie in Deutschland ist, so, wie wir sie kannten, wird zum Zeitpunkt der Abfassung dieses Beitrags eine mehr und mehr Gewissheit annehmende Sicherheit.

Eine Veränderung mit all ihren krisenhaften Auswirkungen bietet indes immer auch eine Chance, vermittels einer Innen- und Außenschau zu reflektieren, sich und die eigenen Lösungskonzepte zu überdenken und zu erneuern und sich dadurch der Zukunft zugewandt ggf. mit neuen Konzepten zu positionieren. Dies geschieht mit unseren Kunden, den Patienten, den medizinischen Leistungserbringen und den Leistungsträgern im Blick. Bayer HealthCare versteht sich in mehr als hundertjähriger Tradition als moderner Gesundheitsdienstleister, der Verantwortung für seine direkten Kunden aber auch für das Fortbestehen und die Weiterentwicklung des Sozial- und Gesundheitssystems in Deutschland übernimmt.

Das Arzneimittelmarkt Neuordnungsgesetz (AMNOG) ist zunächst von seiner Konzeption und Natur her ein Kostendämpfungsgesetz in einer langen Tradition. Sein Ziel ist es, 2 Mrd. Euro im Jahr im Arzneimittelsektor einzusparen. Neben der rein ordnungspolitischen Komponente des Zwangsrabatts und des Preismoratoriums wird vom Gesetzgeber auch die Bewertung des Zusatznutzens neuer Arzneimittel gefordert. Hierbei wird mit der vom Gemeinsamen Bundesausschuss (G-BA) vorgegebenen zweckmäßigen Vergleichstherapie abgeglichen und ggf. entsprechend ein möglicher Zusatznutzen zur bisherigen Verfahrensweise quantifiziert. Dieses Verfahren dient der Ermittlung eines mit dem Spitzenverband der Krankenkassen verhandelten Preises und wirft einmal mehr die Frage nach der Messbarkeit und der entsprechenden Einpreisung eines Zusatznutzens in unterschiedlichen Dimensionen auf. Mit einer möglichen Operationalisierung beschäftigt sich dieser Beitrag.

Insbesondere ist der Tatsache Rechnung zu tragen, dass viel mehr Schrittinnovationen denn Sprunginnovationen den Fortschritt vorantragen. Dies ist jedoch in allen Märkten grundsätzlich so. (Abb. 1)

Abbildung 1:   Sprunginnovationen sind selten

Im jedoch gegenwärtig vorherrschenden Geschäftsmodell der pharmazeutischen Industrie müssen die Kosten für Forschung und Entwicklung wieder hereingespielt werden, um die Entwicklung weiterer Produkte gewährleisten zu können. Dabei ist insbesondere klar, dass es sich beim Markt für pharmazeutischen Produkte um einen ethischen Markt mit Informationsassymmetrie der Marktteilnehmer handelt, der in seiner vollumfänglichen Auswirkung auf Leib und Leben im Hinblick auf das Gut Gesundheit nicht mit den herkömmlichen Märkten der Konsumgüterindustrie vergleichbar ist. Es ist ferner verständlich und nachvollziehbar, dass in einem System, das solidarisch von allen Versicherten getragen und dessen Finanzierungslücken bereits durch Steuergelder geschlossen wurden, nur solche Therapiemaßnahmen entsprechend honoriert werden können, die nicht nur einen Nutzen bei Zulassung haben, sondern auch einen Zusatznutzen zur bisherigen Standardtherapie (im Idealfall entspricht diese der vom G-BA vorgegebenen zweckmäßigen Vergleichstherapie), bei Festsetzung des Preises nachzuweisen im Stande sind. Je nach Höhe des Zusatznutzens und des damit erlösten Betrags mag es ein Anreiz für weitere Forschung und Entwicklung auf diesem Gebiet sein. Die forschenden Arzneimittelunternehmen gehen jedoch gerade auf dem Gebiet von Erkrankungen, für die bereits generische Vergleichstherapien bestehen, ein nicht unerhebliches Risiko ein, bei einem nur geringen Zusatznutzen im Sinne einer Schrittinnovation nicht die monetären Erwartungen der Aktionäre und anderer Investoren zu erfüllen. Dies liegt vor allem daran, dass Sprunginnovationen, wie etwa die Entdeckung des Penizillin oder der Sulfonamide naturgemäß sehr selten und dass die Anforderungen an Forschung und Entwicklung auch mit erhöhten Sicherheitsstandards und damit verbundenen Investitionskosten stets zunehmend sind.

Abbildung 2:  Bisherige    IQWiG    Bewertungen    deuten    auf    geringe
Innovationleistung hin

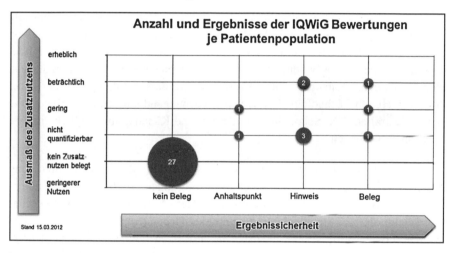

Indes scheint prognostisch klar, dass die Schere zwischen Einnahmen und Ausgaben im Gesundheitswesen sich noch weiter vergrößern wird. Zu dieser Ausgabenexpansion tragen Faktoren wie die Zunahme der Preise, eine ansteigende    Inflation,    steigende    Patientenzahlen    im    Zuge    der Morbiditätsentwicklung eines demographischen Wandel und die medizinisch technische Entwicklung bei. Gleichzeitig gehen die Einnahmen grundsätzlich zurück aufgrund einer ebenso zurückgehenden Zahl an Erwerbstätigen, einer geringer werdenden Grundlohnsumme  und somit einer Reduktion sozialsteuer-pflichtiger Einkommen.

Vor diesem Hintergrund kommt noch die Tatsache hinzu, dass sich durch die zentralistischen Gesetzesinitiativen die Gewichtungen im Gesundheitswesen verschieben. Der einzelne Arzt, früher der wichtigste Ansprechpartner und klassischer Anlaufpunkt des Außendiensts der pharmazeutischen Industrie, muss sich immer mehr nach Entscheidungen richten, die anderswo gefällt werden. Die übergeordneten Kostenträger im Sinne des AMNOG Prozesses, aber auch einzelne Krankenkassen und Kassenärztliche Vereinigungen werden bei Verschreibungsentscheidungen immer wichtiger. Diese Tendenz ist durchaus vom Gesetzgeber so gewünscht, sie erfordert jedoch ein Umdenken im bisherigen Vertriebsmodell der pharmazeutischen Industrie. Der Marktzugang nimmt hier einen immer größeren Teil ein und nimmt proportional mit dem politischen Gewicht der neuen Kunden an Bedeutung zu.

Damit befindet sich Deutschland jedoch in guter Gesellschaft. Die Kontrolle der Ausgaben für pharmazeutische Produkte ist bereits heute in einer Reihe von Ländern Realität. Hierbei unterscheidet man zwischen einer zentralisierten oder fragmentierten Kostenkontrolle wie beispielsweise Referenzpreisen, Preiskontrollen, Rabatten oder Verschreibungseinschränkungen oder aber formalen Health Technology Assessments, vorwiegend auf zentraler Ebene, wie sie in Australien, UK, Schottland, Frankreich und Kanada, um lediglich ein paar zu nennen, vorliegen.

Es bleibt fraglich, was aus der bestehenden dezentralen Steuerung beispielsweise der Kassenärztlichen Vereinigungen mithilfe von Quoten-regelungen wird, wenn die Bestimmungen des AMNOG als zentralistisches Werkzeug der Kostenregulierung einmal flächendeckend umgesetzt sein werden. Gegenwärtig scheint Deutschland auf einen Sonderweg zu zu steuern: Von allem etwas... Dies führt entsprechend zu Planungsunsicherheiten auf Seiten des Herstellers.

Dass die Interaktion zwischen staatlicher Organisation und pharmazeutischen Unternehmen auf eine lange Geschichte zurückblickt, wird die Tatsache illustrieren, dass das AMNOG als 14. Gesetzesinitiative und somit vorläufig letztes Glied in einer umfassenden Regulierungskette steht. Darunter findet sich das Gesundheitsstrukturgesetz von 1993, das GKV-Neuordnungsgesetz von 1997, die GKV-Gesundheitsreform von 2000, das Arzneimittelausgaben-begrenzungsgesetz von 2002, das Gesundheitsmodernisierungsgesetz von 2004, in dem zum ersten Mal ein 16%iger Zwangsrabatt auf Innovationen sowie Festbeträge auf patentgeschützte Arzneimittel eingeführt wurden, das Arzneimittelversorgungs-Wirtschaftlichkeitsgesetz von 2006, das GKV-Wettbewerbsstärkungsgesetz von 2007, das die Kosten-Nutzen-Bewertung einführte, das GKV-Änderungsgesetz von 2010, in dem die Erhöhung der Zwangsrabatte für Innovationen von 6% auf 16% verankert waren, wie auch das noch geltende Preismoratorium und schließlich das seit Anfang 2011 geltend AMNOG, um nur ein paar zu nennen.

Die meisten dieser Maßnahmen zielten und zielen auf den Preis eines pharmazeutischen Produkts ab. Dabei ist zu berücksichtigen, dass bislang die Preisentwicklung im Arzneimittelmarkt untypisch zum Consumer Markt verläuft.

Abbildung 3: Preisentwicklung am Consumer Markt und am pharmazeutischen Markt

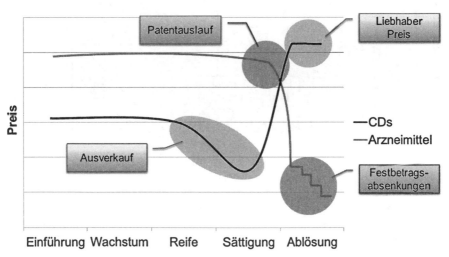

Während im Consumer-Markt der Preis erst in der Reifephase sinkt, um seinen Tiefpunkt bei der Sättigung zu erreichen und dann ein sehr hohes Preisniveau in Form des Liebhaber-Preises einzunehmen, bleibt bislang der Preis eines pharmazeutischen Produkts von der Einführung bis zur Sättigung weitestgehend konstant. Mit Patentablauf fällt der Preis jedoch drastisch ab, um in der Ablösungsphase durch Festbetragsabsenkungen stufenweise einem Tiefpreisniveau zuzustreben.

Berücksichtigt man, dass hohe fixe Investitionen einen späten „Break-even" bedingen und somit zu einem bereits hohen Investitionsrisiko führen, bedeutet das AMNOG mit seinen Anforderungen an Studien und Dossier, dass längere Forschungs- und Entwicklungszeit und gestiegene Investitionskosten sowie staatliche Eingriffe wie der Herstellerrabatt und das Preismoratorium durch einen höheren Preis kompensiert werden müssen.

Abbildung 4: Das AMNOG und weitere staatliche Regulierungen verschieben den "Break-even" Punkt

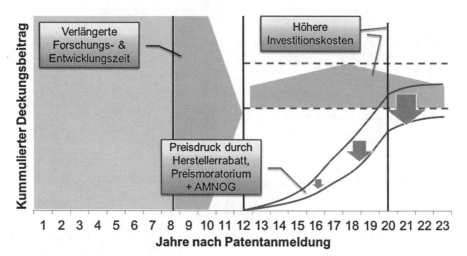

Während klassischerweise mit Investitionen von ca. 800 Mio Euro für Forschung und Entwicklung bis zur Zulassung zu rechnen ist, kommen durch den AMNOG Prozess nicht nur Personalkosten für die Dossiererstellung, sondern auch weitere Beratungskosten zum Tragen. Man kann von zusätzlichen Kosten von 250.000 Euro bis 500.000 Euro pro Dossier ausgehen. Weiterhin werden in Zukunft strategische Entscheidungen zu fällen sein, in wie weit international durchgeführte Zulassungsstudien in frühen Phasen bereits auf die spezifisch Deutschen Anforderungen, die das IQWiG an den Erreich bestimmter Evidenzklassen stellt, eingehen können. Dies kann zu verlängerter Forschungs- und Entwicklungszeit führen, die gegen die Patentlaufzeit gerechnet werden muss. Der klassische Verlauf der Marktentwicklung, bis die Therapie als Standard etabliert ist, bis ein „Break-even"-Punkt erreicht ist, an dem sich die Forschungsinvestitionen amortisiert haben, wird auf dem Zeitstrahl nach rechts verschoben, und unter Umständen gar nicht erreicht werden können. Dies korreliert insbesondere mit den Ergebnissen der Verhandlungen des AMNOG Prozesses.

Dennoch: Es ist klar, dass die Nutzenbewertung für Arzneimittel ein per se nicht mehr zu diskutierendes Element beim Inverkehrbringen pharmazeutischer Produkte – und zukünftig wohl nicht nur dieser - darstellt. Bayer akzeptiert sie und stellt sich schon heute in vielen Ländern den jeweils dort geltenden Herausforderungen. Es bleibt zu bemerken und zu beanstanden, dass es unter den Ländern Frankreich (Wirksamkeitsvergleich, Budget Impact), Schweden (Wirksamkeitsvergleich, Kosten pro QALY, Budget Impact, Modellierungen, Indirekte Vergleiche), Schottland, UK (Wirksamkeitsvergleich, Kosten pro QALY, Budget Impact, Modellierungen, indirekte Vergleiche, Kosten aus NHS-Perspektive) und Deutschland (Budget Impact, Zusatznutzen zur Vergleichs-therapie, keine QALYs, keine indirekten Vergleiche als Mittel der ersten Wahl, keine Modellierungen) keine Homogenität in der Bewertung gibt. Dies macht eine internationale Studiengestaltung zu einem schwierigen, unnötig kostspieligen und aufwändigen Unterfangen.

Die für eine Landesorganisation jedoch vorrangige Frage im gesamten AMNOG Prozess ist letztlich die der finalen Preisbildung im Rahmen der Verhandlungen bzw. der Schiedsstelle. Es ist mittlerweile klar, dass eine Orientierung an europäischen Referenzländern stattfinden kann. Wie jedoch die Preisverhandlung stattfindet, ist zum Zeitpunkt der Abfassung noch weitgehend unklar. Es gab bislang Beispiele von Produkten, die im Rahmen der „opt out – Regelung" durch die Hersteller vom Markt genommen wurden, da der zu erzielenden Preis nicht den Erwartungen der pharmazeutischen Unternehmen genügen konnte. Im Gesetz wird etwas unklar von Rabatten auf den Abgabepreis (SGB V, §130b, Absatz 1, Satz 2) bzw. von Zuschlägen auf die Jahrestherapiekosten der zweckmäßigen Vergleichstherapie (Rahmen-vereinbarung, §5, Absatz 2) gesprochen. Es bleibt also zunächst unklar, ob wir uns in einer „top-down" oder „buttom-up" Verhandlungssituation befinden.

Wie auch immer die reale Ausgestaltung der Verhandlungen sein wird, könnten sich doch die Preise neuer Medikamente an der bislang vom IQWiG für pharmazeutische Produkte vorgeschlagenen Effizienzgrenze orientieren. Um dies zu illustrieren möchte ich zunächst ein allgemeines Krankheitsbild einführen, um dann spezieller zu werden und eine beispielhafte Rechnung in einem gemischt generischen und patentgeschützten Markt darzulegen.

Wie in Abbildung 5 dargestellt, werden die Kosten und der Nutzen einzelner bereits bestehender und im Markt etablierter Therapien A, B und C aufgetragen. Ein fiktives neu einzuführendes Produkt verfügt über einen erhöhten Zusatznutzen. Die Herausforderung ist es, diesem Zusatznutzen zur bisherigen Therapiealternative C entsprechende angemessene Kosten gegenüber zu stellen. Eine Methodik könnte es sein, die Verlängerung der Geraden BC herzunehmen und den Schnittpunkt mit dem Zusatznutzen als Anker zur Bepreisung anzusehen. Es ist jedoch einsichtig, dass es eine Herausforderung darstellt, aus den von IQWiG und G-BA vorgelegten Messgrößen des Zusatznutzens in „gering", „beträchtlich" und „erheblich" eine genaue, auf der Nutzenskalierung verwendbare Messbarkeit herauszuarbeiten, an der sich zu orientieren letztlich auch der Spitzenverband der Krankenkassen bereit wäre.

Abbildung 5: Kosten und Nutzen der vorhandenen Therapien dienen dazu, den Zusatznutzen zu operationalisieren

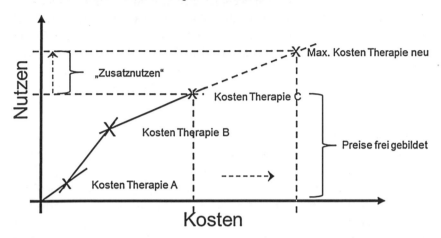

Genau dies wird eine große Herausforderung darstellen, da im Rahmen dieser Diskussion Werturteile gefällt werden müssen, etwa, wie viel ist, bei bester vorliegender Evidenz der Studiendaten, n Monate an Überleben, Schmerzfreiheit usf. wert. Dies hat nicht nur Auswirkungen auf die Bepreisung des gegenwärtig zur Verhandlung stehenden Produkts, es wird auch ein Signal sein, in wie weit sich Forschungsaktivitäten in bestimmten Therapiegebieten, insbesondere denen mit generischer Konkurrenz, überhaupt als finanziell attraktiv erweisen, um die oben erwähnten Forschungs- und Entwicklungskosten herein zu spielen.

Betrachten wir einmal der Einfachheit der Argumentation folgend diese Herausforderung als durchdacht und im Einvernehmen naturwissenschaftlich und ökonomisch gelöst und wenden uns einem spezielleren Fall zu.

Die Fragestellung ist, wie wir in der Lage sein werden anhand eines fiktiven Beispielprodukts namens Gluco-Topp®, einem potentiellen Metformin-Nachfolger einen gegebenen Zusatznutzen in einen Preis umzusetzen. Dazu gilt es folgende Produkteigenschaften zu berücksichtigen: Mit Gluco-Topp® liegt ein hochwirksamer neuer Wirkmechanismus vor, von dem das gesamte, bislang mit Metformin behandelte Patientenkollektiv profitiert. Unter der Anwendung von Gluco-Topp® treten keine Hypo- oder Hyperglykämien auf, es zeigt in doppelblinden RCTs gefäß- und herzschützende Eigenschaften sowie eine verringerte Anzahl an Amputationen und weniger häufig auftretende

Visuseinschränkungen. Insgesamt ist die Vasculopathie deutlich reduziert, was darauf hin deutet, dass es auch weniger Schlaganfälle und Herzinfarkte in Langzeitstudien geben wird. Weiterhin führt der pharmazeutische Hersteller einen Compliancevorteil durch die wöchentliche Einmalgabe ins Feld. Das IQWiG bescheinigte dem Produkt in der frühen Nutzenbewertung einen beträchtlichen Zusatznutzen. Das Urteil des G-BA steht noch aus und der pharmazeutische Unternehmer bereitet eine Verhandlungsstrategie für die Preisverhandlung mit dem Spitzenverband vor.

Dabei wird klar, dass generische Vergleichstherapien einen deutlichen Einfluss auf die Effizienzgrenze haben. Unter der Berücksichtigung der Tatsache, dass die Therapiealternativen A und B irrelevant sind und man sich als Preisanker auf die definierte zweckmäßige Vergleichstherapie Metformin konzentrieren wird, bekommt der aktuelle Produktpreis eine erhebliche Bedeutung. Führt ein nicht generischer Preis für Metformin dazu, dass in der vorher dargestellten Methodik die Verlängerung der Kosten-Nutzen-Gerade die Zusatznutzengrenze in einem stumpfen Winkel schneiden wird, so bedeutet eine Generifizierung von Metformin, dass der Winkel folglich spitzer sein und der ableitbare Preis entsprechend geringer sein wird. Man könnte sagen, dass, bei einem Preisvergleich mit einem generischen Produkt, hier Preiskorrekturen notwendig sein werden, um keine negativen Anreize zu setzen, in Märkten mit generischer Konkurrenz aufgrund mangelnder Zahlungsbereitschaft der Kostenträger, die Forschung einzustellen. Mit der Opt out Option, von der Boehringer/Lilly für das Produkt Trajenta® Gebrauch gemacht haben, liegt genau ein solcher Fall vor. Ein Vergleich mit generischen Produkten ist auch aus dem Blickwinkel des Marketing schwer zu vertreten: Generikahersteller haben grundsätzlich eine andere Kostenstruktur als forschende Arzneimittelhersteller: Ihnen entstehen geringere oder keine Forschungs- und Entwicklungskosten, sie agieren auf einem Markt, der bereits etabliert ist und in dem entsprechend niedrigere Marketingkosten anfallen werden für eine Vielzahl von PZNs. Die Problematik der Rabattvertragsausschreibungen im Generikabereich, die zur weiteren Preiserosion führt, soll hier unberührt bleiben.

Wollen wir einen fairen Vergleich, so ist eine Preiskorrektur notwendig. Abbildung 6 illustriert das zugrundeliegende Gedankenkonstrukt.

Abbildung 6:  Es gibt unterschiedliche Auffassung jenseits des reinen
generischen Preises der Vergleichstherapie

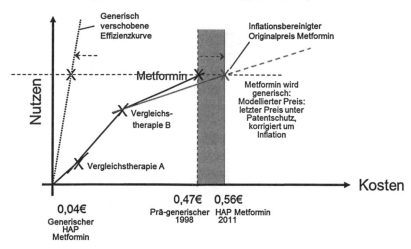

Der generische Preis von Metformin ist gegenwärtig 0,04 € HAP. Der prä-
generische Preis, also gewissermaßen der Preis, den Metformin am Tag vor der
Generifizierung hatte, betrug im Jahr 1998 umgerechnet 0,47 €. Im Jahr 2011
wären das unter Berücksichtigung der Inflation etc. 0,56 €.

Die Extrapolation des Schnittpunkts der jeweiligen Kosten-Nutzen Gerade
mit dem attestierten Zusatznutzen von Gluco-Topp® führt, wie in Abbildung 7
verdeutlicht, zu unterschiedlichen Preisschnittpunkten. Der jeweilige Ankerpreis
für eine mögliche Strategie zur Verhandlungsführung beträgt demnach bei
generischem Metformin 0,05 €, bei Metformin vor dem Ablauf des Patents als
Referenzpreis im Jahr 1998 0,65 € und bei preisangepasstem Metformin 1,00 €.

Abbildung 7: Je nach Höhe des referenzierten generischen Preises ändert sich
der Preis der Innovation

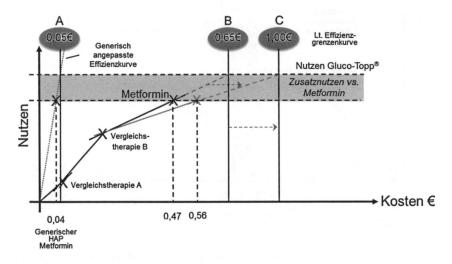

Bei einer Umlage der oben erörterten Preise auf einen inkrementellen Budget impact zum bisherigen, aktuell generisch bepreisten Metformin ergäbe sich bei HAP (DDD) Kosten von 0,05 € für Gluco-Topp® und jeweils 100%iger Umstellung des Patientenkollektivs ein Impact von 9 Mio €. Bei einem Preis von 0,65 € wäre dieser 570 Mio € und bei einer Bepreisung von 1 € wären das 900 Mio €. Insgesamt sprechen wir demnach von einer hundertfachen Spanne des Budget impacts bei der Suche nach einem „gerechten Preis" bzw. einer Preisreferenz für die Durchführung einer strategischen Planung, die der Preisverhandlung mit dem Spitzenverband zugrunde liegen mag.

Dieses fiktive Beispiel soll die bestehenden methodischen Unsicherheiten der Korrelation eines möglichen Zusatznutzens mit einem Preisanker verdeutlichen. Weiterhin auch das Dilemma pharmazeutischer Unternehmer aufzeigen, die Forschung betreiben in einem generischen Markt ceteris paribus, d. h. bei bestehender Patentlaufzeitregelung und unklaren politischen Verhältnissen, was zentrale und dezentrale Steuerungsmechanismen angeht, ansprechen. Die Botschaft ist jedoch klar: Eine Nutzenbewertung für neue Arzneimittel ist ein richtiges, wichtiges und notwendiges Instrument, doch ihr Ziel darf nicht primär die Kostenreduktion sein. In einem fragmentierten System, wie dem durch das

AMNOG installierten, in dem wissenschaftlich-methodische Entscheidungen dem IQWiG zugeordnet sind, in dem der G-BA ein Aufsichtsrecht hat und in dem der Spitzenverband, der keinen unerheblichen Einfluss auf den G-BA hat, die Preisverhandlungen führt, muss darauf geachtet werden, dass der monetäre Primat nicht die Oberhand behält. Die Daseinsberechtigung des Gesundheitswesens leitet sich nicht aus der Anzahl der Ärzte, nicht aus der Verhandlungsposition der Krankenkassen und auch nicht aus Aktionärsträumen der pharmazeutischen Unternehmen ab, sondern aus der Bedürftigkeit der Patienten. Daher ist der Rest hoffentlich nicht Schweigen.

# Erfahrungen mit der frühen Nutzenbewertung aus Sicht der Industrie

*Gabriel Baertschi und Claus Runge*

Abstract

AstraZeneca hat sich trotz eines hohen Zusatzaufwands bewußt dafür entschieden, ein neues Arzneimittel (Wirtkstoff Ticagrelor, Handelsname Brilique®) mit einem umfangreichen Datenpaket unter AMNOG-Bedingungen einzuführen. Wir als Unternehmen haben uns freiwillig einem für alle Beteiligten neuen System gestellt und möchten den Prozess nun konstruktiv mitgestalten. Wir setzen dabei auf einen transparenten, ergebnisoffenen Bewertungsprozess, der von ehrlichem Dialog der Akteure geprägt ist. Der Bewertungsprozess von Brilique ist für uns – aber auch alle anderen Beteiligten – eine Chance, den Beweis dafür anzutreten, dass das System Innovationen honoriert. Wir als Hersteller sind dazu verpflichtet, den Nachweis eines konkreten therapeutischen Zusatznutzens anhand eines Dossiers zu erbringen, wie im Fall von Brilique bereits geschehen. Das AMNOG wird dann Innovationen gerecht werden können, wenn diese fair bewertet werden und der vom Gesetzgeber gewünschte Interessenausgleich im Rahmen der Bewertung und Bepreisung neuer Arzneimitteln gelingt.

## Die Genese des GKVFinG und des AMNOG

Die Gelegenheit für direkte staatliche Eingriffe in den Arzneimittelmarkt hätte günstiger kaum sein können: Vor dem Hintergrund einer gerade durchlebten Krise der Finanzmärkte sowie der düster vorgetragenen Prognose eines 11 Milliarden Euro großen Defizits in der Gesetzlichen Krankenversicherung für das Jahr 2012 ist ein für pharmazeutische Unternehmen einschneidendes Gesetzespaket auf den Weg gebracht worden[1].

Nicht-festbetragsgeregelte patentgeschützte Arzneimittel werden durch das GKVFinG mit einem 16%igen Herstellerabschlag bis Ende 2013 belegt, flankiert durch ein Preismoratorium.

---

[1] http://www.bundesregierung.de/Content/DE/Artikel/2010/10/2010-10-01-schaetzerkreis-gesundheit.html

Gemäß AMNOG stellen sich neu einzuführende Arzneimittel (optional gilt dies auch für Bestandsarzneimittel) grundsätzlich einem dreimonatigen Schnellbewertungsverfahren, in dem die durch den Gemeinsamen Bundesausschuss zu treffende Feststellung eines Zusatznutzens gegenüber einer, zweckmäßigen Vergleichstherapie' für eine nachgelagerte Preisverhandlung mit dem GKV-Spitzenverband qualifiziert. Bei fehlendem Nachweis eines Zusatznutzens finden sich zukünftig die Erstattungsbeträge für schnell bewertete Arzneimittel auf Festbetragsniveau oder auf dem Niveau der zweckmäßigen Vergleichstherapie wieder.

Nachdem das BMG im Juni die offiziellen GKV-Zahlen des 1. Quartals 2011 veröffentlicht hat, tritt zu Tage, was hinter den Kulissen für keine große Überraschung gesorgt hat[2]: Die GKV erzielt in den ersten drei Monaten des Jahres einen Überschuss von fast 1,5 Milliarden Euro. Das Gesamtsystem Gesundheitsfonds und Gesetzliche Kassen zusammen macht fast 1 Milliarde Überschuss im 1. Quartal. Während alle Ausgabenbereiche zum Teil mit zweistelligen Prozentzahlen gestiegen sind (Heilmittel, Krankengeld), und auch die Verwaltungsausgaben erneut gestiegen sind, sind Arzneimittel der einzige Bereich mit rückläufigen Ausgaben (- 4,8%).

Auch wenn mit der derzeitig günstigen Finanzlage die wesentliche Begründung für einschneidende Maßnahmen schlichtweg hinfällig ist, müssen sich pharmazeutische Unternehmen nun mit einer substanziell verschlechterten Ertragslage und einem unklaren Ausblick auf den Geschäftserfolg in Deutschland auseinandersetzen. Erste Anzeichen einer Reaktion auf die plötzliche Einführung des erhöhten Herstellerrabatts während des laufenden Geschäftsjahres 2010 sind ein Rückgang in Sachinvestitionen (-13.7% in 2010) sowie stagnierende Investitionen in Forschung und Entwicklung (-0.7% in 2010, nach langen Jahren steten Investitionsanstiegs) im Lager der Unternehmen[3].

Das AMNOG bedingt jedoch weitere strukturelle und organisatorische Anpassungen, um sich als in Deutschland tätiges Unternehmen auf die herausfordernden Jahre bis zur nächsten Arzneimittelreform einzustellen.

---

[2] http://www.bmg.bund.de/krankenversicherung/finanzierung/finanzierungsgrundlagen-der-gesetzlichen-krankenversicherung.html.
[3] http://www.pharmazeutische-zeitung.de/index.php?id=38303.

# AstraZeneca stellt sich als erstes Unternehmen freiwillig dem AMNOG

Mit der am 03.Januar 2011 erfolgten Markteinführung eines neuen Arzneimittels zur Behandlung des Akuten Koronarsyndroms (Wirkstoff Ticagrelor, Handelsname Brilique®) stellt sich AstraZeneca freiwillig dem AMNOG-Prozess – auch wenn eine Markteinführung noch nach altem Recht möglich gewesen wäre. Damit möchten wir als Unternehmen den für alle Verfahrensbeteiligten neuen Prozess aktiv und konstruktiv mitgestalten. Unsere Forderung ist dabei die nach einem transparenten und ergebnisoffenen Bewertungsprozess, der vom Dialog mit allen Beteiligten geprägt ist. Mit Ticagrelor stellt sich eine Substanz der ersten Bewertung, für die mit der Zulassungsstudie PLATO[4] bereits ein umfangreiches Datenpaket zu Qualität, Wirksamkeit und Sicherheit - aber auch zum Zusatznutzen - vorliegt: Behandelt man 1.000 Patienten über ein Jahr mit Ticagrelor anstelle des derzeitigen Therapiestandards Clopidogrel (beides in Kombination mit Acetylsalicylsäure), so verhindert man zusätzlich 11 kardiovaskuläre Todesfälle, 11 Myokardinfarkte sowie 6 Stent-Thrombosen. Extrapoliert auf 200.000 Krankheitsfälle pro Jahr ließen sich in Deutschland also rein hypothetisch 2.200 kardiovaskuläre Todesfälle, 2.200 Myokardinfarkte sowie 1.200 Stent-Thrombosen verhindern: ein erheblicher Fortschritt gegenüber den derzeitigen therapeutischen Optionen. Der Bewertungsprozess von Brilique® ist für uns – aber auch alle anderen Beteiligten – eine Chance, den ehrlichen Beweis anzutreten, dass das System Innovationen honoriert.

Der Wert von Innovationen muss aber immer individuell betrachtet werden. Konkret: Für einen Asthmapatienten kann ein Mehrwert darin liegen, z.B. beschwerdefrei Sport machen zu können, ein Onkologiepräparat kann einen Wert in Bezug auf die Verlängerung der Überlebenszeit von Patienten haben, ein Präparat im Bereich Herz-Kreislauf kann Leben retten. Dies zeigt bereits, dass der konkrete therapeutische (Zusatz-)Nutzen ein sehr unterschiedlicher sein kann. Wir als Hersteller sind zukünftig verpflichtet, diesen anhand des Dossiers im Sinne einer Beweislastumkehr zu erbringen.

Das AMNOG wird dann Innovationen gerecht werden, wenn ein Weg gefunden wird, diese unterschiedlichen Dimensionen eines Zusatznutzens zu

---

[4] Wallentin L, Becker RC, Budaj A, et al. Ticagrelor versus Clopidogrel in patients with acute coronary syndromes. N Engl J Med 2009; 361: 1045-1057.

berücksichtigen und den vom Gesetzgeber gewünschten Interessenausgleich bei den Preisverhandlungen zu wahren.

## Frühe Nutzenbewertung: Ein Hybridmodell geht in den Testbetrieb

Man nehme die schottische Frühbewertung, kreuze sie mit der französischen Idee einer Innovationsklassifizierung mit Preisverhandlung und flansche sie auf das deutsche Selbstverwaltungssystem: Fertig ist ein Hybrid, der „die Spreu vom Weizen trennen soll"[5]. Der mit diesem Ansatz verbundene Paradigmenwechsel für die Bepreisung von innovativen Arzneimitteln stellt alle Beteiligten vor ernst zu nehmende Herausforderungen. Für den geplanten Sprint durch die Dreimonatsperiode schleppen die Beteiligten noch allzu viele Altlasten mit sich herum. Der angelaufene Testbetrieb offenbart deshalb schon jetzt, dass am AMNOG-Prototyp dringend nachgebessert werden muss.

## Beratung durch den Gemeinsamen Bundesausschuss

Unisono berichten die Hersteller aus den ersten Interaktionen, dass die Beratungen gemäß §7 (1) Satz 1 VerfO – insbesondere die zur zweckmäßigen Vergleichstherapie – eher einer kostenpflichtigen Beschlussverkündung gleichkommen denn einem echten Beratungsgespräch. Das Dilemma der GBA-Geschäftsstelle ist offenbar, dass auf Rückfragen der betroffenen Hersteller in der Regel zwar verfahrenstechnische, aber eben keine inhaltlich fundierten Antworten gegeben werden können, da die Entscheidungsfindung im Unterausschuss Arzneimittel bereits abgeschlossen ist. Hier besteht dringender Nachbesserungsbedarf im Verfahrensablauf, da so kein wissenschaftlicher Dialog zustande kommen kann.

Die davon abgekoppelte Beratung zu den Dossierinhalten sowie dessen Aufbau durch Vertreter des IQWiG ist hingegen aus Herstellersicht sehr hilfreich, gerade für die ersten Verfahren.

---

[5] https://www.bundesgesundheitsministerium.de/fileadmin/redaktion/pdf_publikationen/AMNOG.pdf.

Zu Beratungen vor Beginn von Zulassungsstudien gemäß §7 (1) Satz 10 VerfO kann zum jetzigen Zeitpunkt noch kein vorläufiges Votum erfolgen. Diesen kommt jedoch insofern eine große Bedeutung zu, als bereits zu einem früheren Zeitpunkt der klinischen Entwicklung eines Arzneimittels – und unter optionaler Beteiligung von BfArm und PEI - Anforderungen an Studien für die spätere Bewertung formuliert werden. Auch wenn dies prinzipiell die Chance eröffnet, dass Hersteller die signifikante Investition in die Phase III besser an zukünftige Anforderungen der Frühbewertung anpassen können, gilt: Die Auskünfte haben nach §7 (2) Satz 4 VerfO keine Verbindlichkeit (!). Es gilt darüber hinaus abzuwarten, ob die im Rahmen der frühen Beratung gestellten und mutmaßlich sehr hohen Anforderungen an den Nachweis patienten-relevanter Endpunkte im Rahmen konfirmatorischer Studien überhaupt zum Zeitpunkt der arzneimittelrechtlichen Zulassung erbracht werden können und inwieweit sich besondere lokale Anliegen des GBA in den Kontext internationaler (Zulassungs-) Studienprogramme integrieren lassen.

## Zweckmäßige Vergleichstherapie

Die Auswahl der zweckmäßigen Vergleichstherapie durch den Gemeinsamen Bundesausschuss ist die strategieanfällige Komponente des Frühbewertungs-verfahrens, da sie direkten Einfluss auf das Endergebnis entfaltet: Die Aussagekraft etwa der Phase-III-Studie(n) eines neu zugelassenen Arzneimittels lässt sich systematisch dadurch abschwächen, dass man nicht nur von den Zulassungsstudien abweichende, sondern gleich mehrere Vergleichstherapien für (somit kleinere) Anwendungsgebiete/Patientengruppen auswählt. Dadurch wird der Hersteller gezwungen, vom Konsens mit den Zulassungsbehörden hinsichtlich der Vergleichstherapie(n) abzurücken und indirekte Vergleiche der klinischen Daten vorzunehmen. Indirekte Vergleiche führen zu einer geringeren Ergebnissicherheit, die sich in der Produktbewertung niederschlagen dürfte (vgl. §18 (1) VerfO). Da die Fallzahlplanung in Studien auf ein bestimmtes Patientenkollektiv ausgerichtet ist, führen post-hoc durchgeführte Subgruppen-analysen zu einer weiteren Verwässerung der beobachteten Studieneffekte. Überdies müssen die Vergleichstherapien nicht zwangsläufig den aktuellen Therapiestandard darstellen.

Da diejenigen, die die zweckmäßige Vergleichstherapie maßgeblich auswählen auch diejenigen sind, die im Anschluss die Preise verhandeln, offenbart sich hier ein klarer Interessenkonflikt. Wenn bereits über den Weg der Komparatorenauswahl Preispolitik zu Lasten Dritter betrieben wird, führt man den Grundgedanken des AMNOG, nämlich den eines fairen Interessenausgleichs bei der Bepreisung von Innovationen, ad absurdum.

**Prüfung der Datenflut auf Vollständigkeit**

Der Umfang der im Rahmen der Frühbewertung angeforderten Unterlagen umfasst i.d.R. mehrere zehntausend Seiten, die innerhalb von drei Monaten gesichtet werden sollen. Zum Teil sind auch sensible Betriebs- und Geschäftsgeheimnisse sowie personenbezogene Informationen, etwa zu Studienärzten, enthalten (Modul 5 des Dossiers). Da diese Informationen nicht zwangsläufig eine Produktbewertung unterstützen, stellt sich die Frage, warum man einen Hersteller verpflichtet, diese einzureichen - mit all den Risiken und Haftungsfragen, die mit einer Datenspeicherung bzw. einer Weitergabe an das IQWiG oder weitere beauftragte Gutachter verbunden sind. Hier besteht der dringende Bedarf einer – an den echten Notwendigkeiten einer Frühbewertung ausgerichteten - Spezifikation der benötigten Unterlagen in der VerfO des GBA. Unser Haus hat zudem die Erfahrung machen müssen, dass eine schriftlich vorliegende Bestätigung der Vollständigkeit eines Dossiers wenige Werktage später wieder revidiert wurde. Perspektivisch ist dies mit Blick auf die Planungssicherheit eines Unternehmens eine inakzeptable Situation.

Darüber hinaus werden auch Unterlagen eingefordert, die von der europäischen Zulassungsbehörde aus guten Gründen als vertraulich eingestuft werden: Hier ist es nun Aufgabe der Institutionen, nicht etwa der Hersteller, der EMA entsprechende Begründungen für die Notwendigkeit einer Einreichung vorzulegen.

## Bewertung

Zur Klassifizierung frühbewerteter Produkte gemäß den Kategorien von „geringerer" bis „erheblicher" Zusatznutzen liegen noch keine Erfahrungen vor. Neben der Frage, wie sich relative Unterschiede in den Outcomes im Vergleich zur zweckmäßigen Vergleichstherapie in der Klassifizierung niederschlagen, ist bisher offen, welche Relevanz unterschiedliche patientenrelevante Endpunkte im Vergleich untereinander bei der Frühen Nutzenbewertung haben werden. Nicht bei allen Krankheitsbildern wird man – wie beim bereits erwähnte Krankheitsbild des Akuten Koronarsyndroms – auf Basis einer Mortalitätsreduktion durch eine Substanz wie Brilique® bewerten können. Nach welchen Kriterien werden dann verschiedene patientenrelevante Endpunkte, die in einer Studie erhoben wurden, untereinander gewichtet? Darüber hat es noch keine intensive (Methoden-)Diskussion gegeben, so dass sich hier ein signifikanter subjektiver Ermessensspielraum für die Entscheidungsträger ergibt – von der berechtigten Frage nach sorgsam erhobenen Patientenpräferenzen zu dieser Thematik ganz zu schweigen.

Zu beachten ist ferner, dass der GBA gemäß §18 (3) Satz 2 VerfO weitere Nachweise als die Zulassungsstudien zur Arzneimittelbewertung einfordern kann bzw. die Beschlüsse zur Nutzenbewertung bis zur Vorlage weiterer patientenrelevanter Nutzenbelege befristen kann (§18 (4) Satz 2 VerfO). Hier dürfen wir gespannt sein, ob dies ein Instrumentarium ist, welches mit Augenmaß und Verantwortung eingesetzt werden wird. Mutmaßlich werden in der Praxis hier Investitionen wohl nur in besonders vielversprechende Produkte fließen - und auch nur, wenn sich klarer abzeichnet, ob und inwieweit ein „Mehr an Evidenz" nach langer Zeit der Datenerhebung auch wirklich in einem höheren Erstattungsbetrag mündet – das wäre in der Tat ein europäisches Novum. Im Rückblick wären neben den Paradebeispielen der pharmakritischen Kommentatoren auch eine Reihe ausgewählter heutiger Therapiestandards sicher an der Hürde der Frühbewertung gescheitert, mit wenig Aussicht auf das Auflegen kostspieliger Studienprogramme.

Aktuell ist der beschriebene Prozess für Ticagrelor am weitesten fortgeschritten. Die frühe Nutzenbewertung des IQWiG anhand der vom G-BA definierten Subgruppen liegt nunmehr als erste vor. Darin wurde Ticagrelor ein Beleg für einen beträchtlichen Zusatznutzen für 72% der ACS-Patienten

(Subgruppe NSTEMI und Instabile Angina pectoris) bescheinigt, für die übrigen 3 Subgruppen wurde kein Zusatznutzen nachgewiesen. Dies wurde nach mündlicher Anhörung im finalen G-BA Beschluss noch in einem Punkt korrigiert: Für Patienten aus der Subgruppe STEMI mit perkutaner Intervention, die älter als 75 Jahre sind oder in der Vorgeschichte eine TIA (Transitorische ischämische Atacke) hatten, wurde Ticagrelor abweichend von der IQWiG-Bewertung ein Hinweis auf einen Zusatznutzen attestiert. Dadurch erhöhte sich der Anteil der Patienten mit Zusatznutzen auf 78%.

Ohne zu diesem Zeitpunkt zu tief in eine Beurteilung der frühen Nutzenbewertung einsteigen zu können, zeigt sich jedoch bereits an diesem ersten Verfahren die ganze Komplexität des neuen zentralen Prozesses für den Marktzugang innovativer Arzneimittel in Deutschland. Der Spannungsbogen wird sich voraussichtlich im nächsten Schritt, den ersten Preisverhandlungen zwischen GKV- Spritzenverband und AstraZeneca noch weiter aufbauen, da beide Parteien hier wiederum Neuland betreten.

**Preisfindung von Innovationen über den Verhandlungsweg bzw. die Schiedsstelle**

Eine Rahmenvereinbarung für die Preisverhandlungen ist zum Zeitpunkt der Verfassung dieses Beitrags noch nicht vorhanden, so dass den Autoren die genauen Kriterien für die Preisverhandlung noch nicht bekannt sind. Ebenso wenig ist bekannt, nach welcher Geschäftsordnung die Schiedsstelle arbeiten wird. Während das SGB V für die Rahmenvereinbarung als gesetzlich genannte Grundlagen für die Preisverhandlung alleine den Nutzenbewertungsbeschluss (§130b (1)) und die Jahrestherapiekosten vergleichbarer Arzneimittel benennt (§130b (9)), ist die Schiedsstelle gehalten, insbesondere die Höhe des tatsächlichen Abgabepreises in anderen europäischen Ländern in ihren Entscheidungen zu berücksichtigen (§130b (4)).

Ein Blick auf die europäischen Bewertungen und die daraus abgeleiteten Erstattungsbeträge für das in inzwischen 35 Ländern zugelassene Brilique®, dem o.g. AMNOG-Piloten, zeigt neben einhellig sehr positiven klinischen Bewertungen der Substanz – z.B. durch das britische NICE, das schottische SMC oder auch die dänische Behörde – ein im Vergleich zum deutschen Netto-

Erstattungspreis höheres Preisniveau in vielen europäischen Staaten (Vgl. Abbildung 1)[6]. Insofern wird hier die abschließende Einordnung des deutschen Erstattungspreises eine richtungsweisende Entscheidung für weitere Verfahren sein.

Abbildung 1:  Vergleich der Herstellerabgabepreise von Ticagrelor (Brillique) in 2011

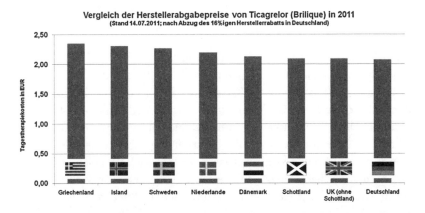

**Fazit und Ausblick**

Als Hersteller zeigt uns das erste AMNOG-Verfahren, welch immens hoher Aufwand mit der Erstellung eines Dossiers verbunden ist. Das führt dazu, dass in einigen Unternehmensbereichen Kompetenzen aufgebaut und für die Dossiererstellung erhebliche Ressourcen eingeplant werden müssen. Unerwartete Festlegungen von zweckmäßigen Vergleichstherapien erschweren derzeit noch eine mögliche weitgehende Vorbereitung von Dossiermodulen und damit die passgenaue Ressourcenplanung.

Welche Auswirkungen das AMNOG mittel- und langfristig auf das Geschäftsmodell pharmazeutischer Unternehmen für die Forschung,

---

[6] Vergleiche auch: www.mims.co.uk; http://www.scottishmedicines.org.uk/Home; http://laegemiddelstyrelsen.dk/en/topics/statistics,-prices-and-reimbursement/reimbursement-of-medicines/general-reimbursement/decisions-on-general-reimbursement-for-m--l-products/news-about-general-reimbursement-decisions/review-concluded-regarding-general-reimb--r-brilique; www.lauertaxe.de; www.mims.co.uk; www.lgn.is; www.tlv.se; www.medicijnkosten.nl; http://www.yyka.gov.gr/articles/times-farmakwn/deltia-timwn/406-deltia-timwn-farmakwn-17-5-2011

Entwicklung und Vermarktung in Deutschland hat, hängt davon ab, wie die Selbstverwaltung ihren dargestellten Spielraum nutzen wird, den sie mit der schnellen Bewertung und Preisverhandlung erhalten hat. Hierbei ist es für Patienten, Ärzte, Krankenkassen und Industrie wichtig, dass eine gute Balance zwischen Innovationskraft und Finanzierbarkeit des Systems gefunden wird. Schon heute ist die Innovationsdurchdringung mit neuen Arzneimitteln in Deutschland mit 6% in den ersten 5 Jahren nach Markteinführung im europäischen Vergleich sehr gering[7], bei den Pro-Kopf-Ausgaben für neue Arzneimittel rangiert Deutschland auf dem 6. Platz[8].

Grundsätzlich folgt die Preisfindung via Verhandlung zwischen Einzelhersteller und GKV-Spitzenverband (mit der Folge einer Erstattungspreisgültigkeit für GKV und PKV) einem korporatistischen Denkmodell. Zentrale Bewertungen und zentrale Verhandlungen führen nicht automatisch zu mehr Wettbewerb im Gesundheitssystem. Ordnungspolitisch wäre eine stärker wettbewerbliche Ausrichtung über einen intensivierten Vertragswettbewerb mit den Einzelkassen und deren Verbünden aus Sicht von AstraZeneca wünschenswerter gewesen. Die Möglichkeit, dezentrale Verträge zwischen Krankenkassen und Pharmazeutischen Unternehmen abzuschließen, kann den Wettbewerb unter Krankenkassen und Pharmaunternehmen zu Gunsten von Patienten stärken. Dezentrale Verträge ermöglichen maßgeschneiderte Konzepte, die unterschiedlichen regionalen Gegebenheiten und Versorgungsstrukturen gerecht werden können. Hier fehlen in Zukunft möglicherweise die notwendigen Spielräume, um zu Mehrwert stiftenden Vereinbarungen nach §130c SGB V zu kommen.

In diesem Zusammenhang und mit Blick auf die Investitionsfähigkeit der Branche ist es daher wichtig, dass der Gesetzgeber die Möglichkeit aus dem GKV-Finanzierungsgesetz nutzt und in regelmäßigen Abständen die Notwendigkeit des 16%igen Herstellerrabatts überprüft. Dieser Rabatt, der eine Zwangsabgabe für alle nicht festbetragsgeregelten patentgeschützten Arzneimittel darstellt, und über 3,5 Jahre gilt, ist eine sehr einschneidende und undifferenzierte Maßnahme zur Sicherung der Finanzstabilität der GKV, die insbesondere Hersteller innovativer Arzneimittel stark trifft.

---

[7] vfa, 2010.
[8] IMS, 2010.

Perspektivisch wird aus Unternehmenssicht für die Bepreisung von Innovationen nur ein Ansatz, der über Komponenten des ‚value-based pricing' verfügt, für hinreichend Bewertungsgerechtigkeit und Planungssicherheit sorgen.

# Zukunftskonzept Arzneimittelversorgung: Kooperation zwischen Apothekern und Ärzten zur Verbesserung der Arzneimitteltherapie

*Martin Schulz und Uta Müller*

## 1. Arzneimittelversorgung in Deutschland – Aktuelle Probleme

Arzneimitteltherapiesicherheit, Therapietreue sowie leitliniengerechte Arznei-mittelverordnung sind die entscheidenden Säulen einer hochwertigen Arznei-mittelversorgung und somit Voraussetzung für die Reduzierung von Krankheitslast und Sterblichkeit.

In Deutschland werden jedes Jahr etwa 5 % der Krankenhausaufnahmen durch unerwünschte Arzneimittelereignisse verursacht, von denen etwa die Hälfte vermeidbar wäre. Menschen mit Polymedikation sind hier besonders gefährdet, da die Einnahme von fünf oder mehr Arzneimitteln in der Dauermedikation ein eigenständiger bedeutender Risikofaktor ist. Vermeidbare unerwünschte Arzneimittelereignisse treten auf, wenn Arzneimittel unbeabsichtigt oder nicht bestimmungsgemäß angewendet werden. Die Prüfung der Arzneimitteltherapiesicherheit spielt hier eine zentrale Rolle.

Zusätzlich ist die langfristige und regelmäßige Einnahme von Arzneimitteln bei chronisch Kranken eine wesentliche Voraussetzung für den Therapieerfolg. Bis zu 50 Prozent der Patienten nehmen ihre Dauermedikation nicht oder nur unregelmäßig ein. Dies führt nicht nur zu Therapieversagen und Morbiditäts-zunahme, sondern hat auch erhebliche Kosten zur Folge.

Die Anzahl der Patienten mit entsprechenden Risikofaktoren ist bereits heute groß - Tendenz weiter steigend:

- Im Jahr 2009 wendeten etwa 6,8 Mio. GKV-Patienten 5 oder mehr systemisch wirkende Arzneimittel in der Dauermedikation an,
- Patienten über 70 Jahre nehmen im Durchschnitt 6 Arzneimittel,
- Über 40 % aller abgegebenen Arzneimittelpackungen werden von Patienten für eine Selbstmedikation erworben,
- 22 % der abgegebenen Arzneimittel in der Selbstmedikation fragen Patienten über 65 Jahre nach.

Die Zahl Patienten mit Polymedikation lässt sich nicht nur durch eine Zunahme der Morbidität erklären. Weitere Ursachen sind Folgen des medizinischen Fortschritts und der Alterung der Gesellschaft. Aspekte, die Polypharmazie fördern, sind z. B.:

- Früheres Erkennen von Krankheiten durch Maßnahmen zur Früherkennung
- Früherer Beginn mit einer Arzneimitteltherapie
- Rigidere Zielwerte bei hochprävalenten chronischen Erkrankungen (z.B. Diabetes mellitus, Hypertonie)
- Grundsätzlich steigende Zahl an Arzneimitteltherapieoptionen
- Längere Therapiezeiten durch sinkende Mortalitätsraten bzw. längere krankheitsspezifische Überlebenszeiten,
- Grundsätzlich höheres Lebensalter.

Da diese Faktoren die Folge positiver Entwicklungen in der Gesundheitsversorgung oder natürliche Prozesse sind, können oder sollten sie nicht verändert werden. Stattdessen müssen Risiken und Probleme durch Polymedikation durch ein adäquates Versorgungsmanagement reduziert werden. Sowohl die Komplexität der Fragestellung als auch die Vielzahl der Betroffenen erfordern neue Wege mit möglichst flächendeckend vorhandenen Strukturen und Partnern. Auf Basis dieser Überlegungen und Analysen haben die Kassenärztliche Bundesvereinigung (KBV) und die ABDA – Bundesvereinigung Deutscher Apothekerverbände ein gemeinsames Zukunftskonzept für eine patientenorientierte Arzneimittelversorgung erarbeitet. Dabei ist die Kenntnis sämtlicher verordneter Präparate und der Selbstmedikation des Patienten und somit ein intensiver Informationsaustausch zwischen Patient, Arzt und Apotheker Voraussetzung, um die Arzneimitteltherapiesicherheit (AMTS) und Therapietreue (Compliance) der Patienten verbessern zu können.

## 2. Zukunftskonzept Arzneimittelversorgung

Die KBV und die ABDA haben gemeinsam ein Zukunftskonzept für eine patientenorientierte Arzneimittelversorgung erarbeitet. Arzt und Apotheker arbeiten hierbei zusammen, um Arzneimittelrisiken zu reduzieren, die Therapietreue (Compliance) zu steigern, die Qualität der Versorgung zu verbessern und Kosten im Gesundheitswesen zu senken. Das Konzept besteht aus dem zentralen Element Medikationsmanagement und wird durch einen Medikationskatalog sowie die Wirkstoffverordnung unterstützt.

Abbildung 1: Zukunftskonzept Arzneimittelversorgung von ABDA und KBV

## MEDIKATIONSMANAGEMENT
### Erfassung und Prüfung der Gesamtmedikation, Vermeidung von UAE und Förderung der Compliance

| MEDIKATIONS-KATALOG | WIRKSTOFF-VERORDNUNG |
|---|---|
| Festlegung von Mitteln der Wahl sowie Reservewirkstoffen für versorgungsrelevante Indikationen | Verordnung von Wirkstoffen anstelle von spezifischen Präparaten |

## 2.1 Medikationsmanagement

Zentrales Element des Zukunftskonzepts ist das Medikationsmanagement. Es richtet sich an chronisch Kranke, die mindestens fünf systemisch wirkende Arzneimittel dauerhaft einnehmen. Patienten, die teilnehmen möchten und eingewilligt haben, wählen einen Arzt und einen Apotheker, die sie über ein Jahr kontinuierlich betreuen sollen. Diese erfassen die Gesamtmedikation inklusive Selbstmedikation, prüfen auf potenzielle Arzneimittelrisiken und führen intensive Beratungsgespräche, um arzneimittelbezogene Probleme zu erkennen und zu lösen, die Therapietreue zu steigern und ggf. die Medikation mehrerer Ärzte zu koordinieren und zu optimieren.

Medikationsmanagement nach ABDA-KBV ist eine Dienstleistung, die grundsätzlich nur durch eine enge Zusammenarbeit zwischen Arzt und Apotheker erbracht werden kann. Die beiden Berufsgruppen übernehmen dabei abgestimmte, sich ergänzende und ihren Berufsfeldern entsprechende Aufgaben im Rahmen der gemeinsamen Patientenbetreuung. Die jeweiligen Zuständig-

183

keiten sind klar geregelt. So werden Synergien genutzt und Schnittstellenprobleme vermieden. Basis der Betreuung ist eine anfängliche Erfassung der Gesamtmedikation eines Patienten, inklusive Selbstmedikation. Diese Erfassung gibt Arzt und Apotheker einen umfassenden Überblick über die Medikation und ermöglicht eine Prüfung auf arzneimittelbezogene Probleme (ABP). Arzt und Apotheker bewerten die detektierten Probleme und führen unter Einbeziehung des Patienten die notwendigen Interventionen durch. Im Anschluss daran und bei einer Änderung der Arzneimitteltherapie erhält der Patient einen aktuellen Medikationsplan. Eine kontinuierliche Patienten-betreuung über 12 Monate gemeinsam durch Arzt und Apotheker schließt sich an. Diese umfasst eine Prüfung auf ABP bei Änderungen der Arzneimitteltherapie und ein fortlaufendes Monitoring der Therapietreue. Ziel ist es, Arzneimittelrisiken zu erkennen und zu minimieren sowie die Therapietreue zu fördern und damit die Effektivität der Arzneimitteltherapie und die Arzneimitteltherapiesicherheit zu erhöhen.

Abbildung 2:  Ablaufschema des Medikationsmanagements im ABDA/KBV-Konzept

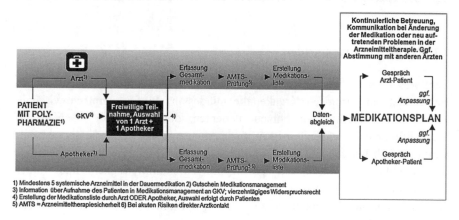

Das Medikationsmanagement laut ABDA/KBV-Konzept umfasst dabei folgende Einzelschritte:

• Ansprache potenzieller Teilnehmer durch Arzt, Apotheker oder Krankenkasse

- Bei Einwilligung des Patienten: Auswahl eines Arztes und eines Apothekers, die ihn über ein Jahr kontinuierlich betreuen
- Erfassung der Gesamtmedikation inklusive der Selbstmedikation
- Prüfung auf Arzneimittelrisiken und Bewertung potentieller Risiken
- Erstellung einer vorläufigen Medikationsliste und eines Berichts zu Auffälligkeiten
- Kommunikation zwischen Arzt und Apotheker: Austausch der erstellten Medikationsliste, ggf. Anpassung unter Berücksichtigung der in der Apotheke oder Arztpraxis vorhandenen Informationen, Abstimmung notwendiger Interventionen
- Erstellung eines aktuellen, vollständigen Medikationsplans
- Kontinuierliche Betreuung inklusive Monitoring der Therapie- bzw. Einnahmetreue mit Fokus auf Optimierung derselben, Minimierung von Arzneimittelrisiken durch Prüfungen der Arzneimitteltherapiesicherheit (AMTS) bei Änderungen der Medikation sowie auf eine fortlaufende Aktualisierung des Medikationsplan
- Informationsaustausch zwischen Arzt und Apotheker bei Änderungen der Medikation oder bei neu auftretenden Problemen in der Arznei- mitteltherapie.

Um ABP zu entdecken, liegen Arzt und Apotheker die Informationen aus den Patientengesprächen und die Arzneimitteldaten aus Arztpraxis und Apotheke vor. Der Arzt kann zudem die in der Arztpraxis gespeicherten klinischen Daten bei der Evaluation der Medikation berücksichtigen. Bezüglich der Interventionen stimmen sich Arzt und Apotheker ab. Die Zuständigkeitsbereiche sollten fallorientiert durch Arzt und Apotheker festgelegt werden.

Die Besonderheiten des Medikationsmanagements im ABDA/KBV-Konzept liegen in der engen Zusammenarbeit von Arzt und Apotheker und in der Kombination aus retrospektiver Evaluation der Gesamtmedikation (inklusive Selbstmedikation) mit fortlaufendem prospektiven Monitoring der Therapietreue und der Arzneimitteltherapiesicherheit. Hierdurch ist eine erfolgreiche Umsetzung von vereinbarten Interventionen möglich, und neu auftretende Probleme können direkt erkannt und gelöst werden.

## 2.2 Medikations- oder Wirkstoffkatalog

Neben dem Medikationsmanagement ist der Wirkstoffkatalog das zweite Element des ABDA/KBV-Konzepts. Ein solcher Katalog nennt für wichtige Krankheiten die Wirkstoffe der Wahl sowie Reservewirkstoffe. Er gibt einen Behandlungskorridor vor und hat Empfehlungscharakter, in begründeten Fällen kann der Arzt davon abweichen. Die Erstellung erfolgt nach Kriterien der evidenzbasierten Medizin und nach Wirtschaftlichkeit. Als Reservewirkstoffe werden solche empfohlen, die einen Zusatznutzen für bestimmte Patientengruppen haben. So gelten beispielsweise bei der Behandlung der Hypertonie neben Diuretika und Betablockern die ACE-Hemmer als Mittel der Wahl bzw. sind Standardwirkstoffe. Reservewirkstoffe wären z.B. die Sartane, die bei ACE-Hemmer-Unverträglichkeit verordnet werden können.

So kann eine bundeseinheitliche, kassenübergreifende, leitliniengerechte Versorgung sichergestellt werden.

## 2.3 Wirkstoffverordnung

Im Rahmen der Wirkstoffverordnung verordnet der Arzt den Wirkstoff (INN-Bezeichnung), Wirkstärke, Menge und Darreichungsform. Gegebenenfalls sind weitere Angaben für eine eindeutige Identifikation erforderlich (z.B. Angaben zur Freisetzungskinetik, und Informationen zu Applikatoren o.ä.). In medizinisch begründeten Einzelfällen kann der Arzt nach wie vor konkrete Präparate verordnen, so dass die Medikamente in der Apotheke nicht ausgetauscht werden. Dies kann beispielsweise bei Wirkstoffen mit geringer therapeutischer Breite sinnvoll sein. Außerdem sollte die Apotheke in begründeten Einzelfällen sog. „Pharmazeutische Bedenken" geltend machen und somit von einem Austausch absehen. Das ABDA/KBV-Konzept sieht außerdem, wo die Informationen vorliegen, vor, Patienten mit Wiederholungsverordnungen möglichst konstant mit identischen Präparaten zu versorgen, um Verunsicherungen durch Wechsel zu vermeiden. Außerdem ist es Ziel, dass der Wirkstoffname auf der Arzneimittelpackung deutlich besser lesbar wird (AMG). Hierdurch wird für den Patienten jederzeit der eindeutige Abgleich des Rezeptes mit dem abgegebenen Präparat ermöglicht. Unsicherheiten, die sich durch den Austausch mit rabattierten Arzneimitteln ergeben, werden reduziert. Damit werden Doppel- oder Nicht-Einnahmen von Medikamenten vermieden. Der Arzt kann dem Patienten einen Medikationsplan auf Wirkstoffebene zur Verfügung stellen, der nicht in Abhängigkeit von dem abgegebenen Präparat geändert werden muss. Rabattverträge und die aut-idem-Regelung bleiben unverändert bestehen!

## 2.4 Kosteneffekte

Zusätzlich zu den qualitativen Verbesserungen könnten mit Hilfe des Konzeptes die Kosten für Gesundheitsausgaben reduziert werden. Bei einer angenommenen Teilnehmerzahl von 2 Mio. Menschen würde das Kostendämpfungspotenzial etwa 2,1 Mrd. Euro betragen, die Honorare für die Erbringung der Leistungen durch Ärzte und Apotheker bereits gegengerechnet. Alle drei Konzeptbestandteile leisten sowohl zur Qualitätssteigerung als auch zur Kostenreduktion einen signifikanten Beitrag.

Das Medikationsmanagement trägt über die Reduktion vermeidbarer unerwünschter Arzneimittelereignisse dazu bei, Zwischenfälle zu reduzieren, die ambulant und stationär Folgekosten verursachen. Durch eine Verbesserung der Therapietreue werden Therapieziele häufiger erreicht. Zusätzliche therapeutische Maßnahmen werden seltener erforderlich und das Auftreten von Komplikationen wird reduziert. Der Medikationskatalog generiert Einsparungen, da hierdurch, wo medizinisch sinnvoll, konsequent preisgünstige Wirkstoffe verordnet werden. Die Wirkstoffverordnung ermöglicht eine schnellere Substitution auslaufender Originalpräparate durch Generika. Durch den Zeitgewinn gegenüber dem Abschluss von Rabattverträgen oder der Festsetzung von Festbeträgen ergibt sich hier ein Einsparpotenzial.

## 3. Zusammenfassung

Das Zukunftskonzept Arzneimittelversorgung besteht aus den drei Elementen Medikationsmanagement, Medikations- bzw. Wirkstoffkatalog und Wirkstoff-verordnung. Sämtliche Bestandteile leisten sowohl zur Qualitätssteigerung als auch zur Kostendämpfung einen relevanten Beitrag.

Abbildung 3: Qualitätssteigerung und Kostendämpfung im ABDA/KBV-Konzept

**Bestandteile**

**Ergebnisse**

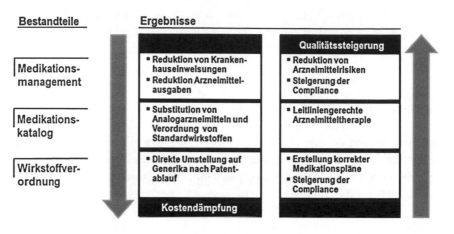

4. Aktueller Stand und Ausblick
===

In dem zum 1.1.2012 in Kraft getretenen GKV-Versorgungsstrukturgesetz wurde das Zukunftskonzept Arzneimittelversorgung mit der Regelung zu einem Modellvorhaben (§ 64a SGB V) gesetzlich verankert. Danach soll das Konzept in einer Region getestet werden. Der Gesetzgeber sieht einen Zeitraum von 3 Jahren dafür als angemessen an. Entsprechend wird die Umsetzung des Konzeptes aktuell vorbereitet. Ziel ist es, 2013 mit der Umsetzung zu beginnen.

Allerdings sollte man das Potenzial des Konzeptes schnellstmöglich bundesweit und unbefristet nutzen. Entscheidend ist, dass der Patient – unabhängig von Wohnort, Arztsitz, Apothekenstandort oder Enthusiasmus der Krankenkasse – einen gesetzlichen Anspruch hat, optimal versorgt zu werden.

# Verzeichnis der Autoren

Marco Annas
Bayer Vital GmbH
Gesundheitspolitik Leitung
Gebäude K 56
51368 Leverkusen

Gabriele Baertschi
AstraZeneca GmbH
Tinsdaler Weg 183
22880 Wedel

Joachim Bovelet
Vorsitzender der Geschäftsführung
Vivantes Netzwerk für Gesundheit GmbH
Oranienburger Straße 285
13437 Berlin

Dr. Tobias Gantner
Bayer Vital GmbH
Gebäude K56
51368 Leverkusen

Prof. Dr. Ferdinand Gerlach
An der Haustatt 38
35037 Marburg/Lahn

Prof. Dr. Gerd Glaeske
Universität Bremen
Zentrum für Sozialpolitik
Parkallee 39
28209 Bremen

RA Stefan Gräf
Kassenärztliche Bundesvereinigung
Stabsabteilung Politik
Herbert-Lewin-Platz 2
10623 Berlin

Dr. Reiner Hess
Vorsitzender des
Gemeinsamen Bundesausschusses
Albrechtstraße 9
10117 Berlin

Dr. Christopher Hermann
Vorsitzender des Vorstandes
der AOK Baden-Württemberg
Heilbronner Straße 814
70191 Stuttgart

Dr. Klaus Knabner
Kaiserstuhlstraße 3
14129 Berlin

Prof. Dr. Norbert Klusen
Vorstandsvorsitzender der
Techniker Krankenkasse
Bramfelder Straße 140
22305 Hamburg

Dr. Rudolf Kösters
Präsident DKG
Wegelystraße 3
10623 Berlin

Dr. Volker Leienbach
Verband der
Privaten Krankenversicherung e.V.
Friedrichstraße 191
10117 Berlin

Uta Müller
ABDA
Jägerstraße 49/50
10117 Berlin

Dr. Ulrich Orlowski
Abteilungsleiter
Bundesministerium für Gesundheit
Friedrichstraße 108
10117 Berlin

Dr. Claus Runge
Vice Präsident Corporate Affairs
AstraZeneca GmbH
Tinsdaler Weg 183
22880 Wedel

Dr. Thomas Scharmann
Bundesvorsitzender des
Deutschen Facharztverbandes e.V:
Steinstraße 85
81667 München

Dr. Jens Schick
Geschäftsführer
Sana Kliniken Berlin-Brandenburg GmbH
Fanningerstraße 32
10365 Berlin

Prof. Dr. Eberhard Wille
Josef-Braun-Ufer 23
68165 Mannheim

Prof. Dr. Martin Schulz
ABDA
Jägerstraße 49/50
10117 Berlin

# STAATLICHE ALLOKATIONSPOLITIK IM MARKTWIRTSCHAFTLICHEN SYSTEM

## ALLOKATION IM MARKTWIRTSCHAFTLICHEN SYSTEM

Band   65   Eberhard Wille / Klaus Knabner (Hrsg.): Strategien für mehr Effizienz und Effektivität im Gesundheitswesen. 16. Bad Orber Gespräche über kontroverse Themen im Gesundheitswesen. 2013

www.peterlang.de